追风逐梦

中国人的高铁故事

毕锋 著

中国铁道出版社有限公司
CHINA RAILWAY PUBLISHING HOUSE CO., LTD.

图书在版编目（CIP）数据

追风逐梦：中国人的高铁故事 / 毕锋著 . — 北京：中国铁道出版社有限公司，2019.12
ISBN 978-7-113-26597-7

Ⅰ. ①追… Ⅱ. ①毕… Ⅲ. ①纪实文学 – 作品集 – 中国 – 当代
Ⅳ. ① I25

中国版本图书馆 CIP 数据核字 (2020) 第 006377 号

书　　名：追风逐梦——中国人的高铁故事
作　　者：毕　锋

策划编辑：赵　静
责任编辑：王晓罡　曾亚非　　　　**电话：**（010）51873343
装帧设计：闰江文化
责任印制：赵星辰
责任校对：王　杰

出版发行：中国铁道出版社有限公司（100054，北京市西城区右安门西街 8 号）
印　　刷：中煤（北京）印务有限公司
版　　次：2019 年 12 月第 1 版　2019 年 12 月第 1 次印刷
开　　本：700 mm×1 000 mm　1/16　印张：21.75　字数：270 千
书　　号：ISBN 978-7-113-26597-7
定　　价：69.00 元

毕锋1987年大学本科毕业于苏州铁道师范学院中文系，2002年至2004年在北京大学新闻与传播学院攻读传播学研究生课程，2012年又在清华大学经济管理学院EMBA媒体班学习一年；现任《人民铁道》报业有限公司副总经理兼总编辑、高级记者。

从事新闻工作30年来，干过报纸编辑，办过新闻理论杂志，做过青藏铁路首任驻地记者，搞过对外通联，管过报纸发行，当过报社研究策划部主任、社长助理、副总编辑。

先后14次走进高寒缺氧的“生命禁区”采访青藏铁路建设者，最长一次达四个月。他曾走遍中国铁路东南西北四极，策划报道的“最北看山工”的故事入选北京市高考作文题。

采写或编辑的作品20多次获国家级和省部级新闻奖，其中3次获“中国新闻奖”。自采消息《海拔4161米：总理跟我们合影》获“中国新闻奖”一等奖。

他所在的《人民铁道》报连续3次被评为全国“百强报刊”。他本人先后被评为“全国优秀新闻工作者”“全国新闻出版行业领军人才”“全国宣传文化系统‘四个一批’人才”，享受国务院政府特殊津贴，2018年11月荣获中国优秀新闻工作者最高奖——长江韬奋奖（长江系列）。

代序

你好，中国高铁

PREFACE

2020年临近，一个新10年到来前夕，中国高铁再传喜讯。

2019年12月30日，北京至张家口高速铁路开通运营。就在这条智能高铁投入运营首日，习近平总书记对此作出重要指示。他指出，1909年，京张铁路建成；2019年，京张高铁通车。从自主设计修建零的突破到世界最先进水平，从时速35公里到350公里，京张线见证了中国铁路的发展，也见证了中国综合国力的飞跃。回望百年历史，更觉京张高铁意义重大。

习近平总书记高度评价京张高铁建成通车的重大意义。这是对京张高铁建设和铁路工作的充分肯定，让全体参建者和全国铁路广大干部职工备受鼓舞，也让世人再一次将目光聚焦于中国高铁。

中国高铁从无到有，从线到网，从追赶到领跑，我国已经成为世界上高速铁路建设里程最长、运行速度最高、运营场景最丰富、对自然环境适应性最强的国家。

我们忘不了，在新年贺词中，在全国两院院士大会上，在庆祝改革开放40周年大会上，在乘高铁前往天津出席中俄友好交流活动途中，在首届中国国际进口博览会上……习近平总书记一次次点赞中国高铁——“复兴号奔驰在祖国广袤的大地上”“复兴号高速列车迈出从追赶到领跑的关键一步”“铁路密布”“高铁飞驰”“香港进入了全国高铁网”……给 200 万铁路人增添了努力奔跑、不断前行的无穷力量。

中国高铁不仅代表着中国速度，更是我国高质量发展的亮丽名片。

2019 年，是新中国成立 70 周年，举世瞩目，普天同庆。在北京人民大会堂《奋斗吧　中华儿女》大型文艺晚会上，在北京展览馆《伟大历程　辉煌成就》大型成就展中，在天安门广场《同心共筑中国梦》群众游行队伍里，中国高铁频频亮相，高铁模型格外抢眼，尤其是复兴号创新驱动方阵更是燃起高光时刻。

你好，中国高铁，你是我们铁路人的骄傲！

汗水浇灌收获，实干笃定前行。15 年前，党中央作出重大决策，颁布《中长期铁路网规划》，吹响了大规模建设高铁的进军号角。那一条条高铁，就是一座座丰碑。

2008 年，北京至天津城际高速铁路正式通车，为北京成功举办无与伦比的奥运会提供现代轨道交通支撑。

2009 年，武汉至广州高速铁路横空出世，标志着中国飞速进入高铁时代。

2010 年，郑州至西安高速铁路投入运营，增加了一条连接中国中部和西部的快速通道。

2011 年，北京至上海高速铁路开通运营，开启中国两个特大城市间的美好生活新时空。

2012 年，哈尔滨至大连高速铁路开通运营，穿越高寒季节性冻土地区，中国北端的冬季银龙腾飞。

2013年，宁杭杭甬高铁通车运营，至此，中国生产力最发达、人口最稠密的长三角地区的高铁网络全面形成。

2014年，兰州至乌鲁木齐高速铁路开通运营，人们可以速览雪山风区和沙漠戈壁映衬下的西部风光。

2015年，海南国际旅游岛高速铁路环岛运营，让国际旅人享受着高铁与大海的美丽邂逅。

2016年，上海至昆明高速铁路全线贯通，中国东西向线路里程最长、经过省份最多的高铁横空出世。

2017年，西安至成都高速铁路投入运营，从此蜀道不再难。同年，时速350公里复兴号中国标准动车组在京沪高铁正式运营，迈出了从追赶到领跑的关键一步。

2018年，香港进入了全国高铁网，一个流动的中国，充满了繁荣发展的活力。

2019年，由我国自主设计建造，世界上最先进的时速350公里的智能高速铁路——京张高铁开通。

……

我们忘不了，中国高铁在探索中前进。从广深铁路“准高速”的成功改造，到秦沈客专的建成通车；从中国第一条设计时速350公里的高速铁路京津城际的闪亮登场，到世界上技术标准最高的高速铁路京沪高铁的惊艳亮相；从复兴号的上线领跑，到京张高铁实现世界上首次时速350公里的自动驾驶，这是一代又一代铁路人默默耕耘、无私奉献的结晶，浸透着他们的创新智慧和辛勤汗水，是他们的执着和坚守奠定了中国高铁辉煌的基石。

如今中国高铁已经超过 3.5 万公里，穿越繁华都市，驰骋田野阡陌，通达四面八方，遍及东海之滨、大漠戈壁、林海雪原、热带丛林，让亿万旅客享受着美妙的旅途生活，体会着日益增长的获得感、幸福感、安全感。

你好，中国高铁，你成了我们老百姓出行的首选。

“交通强国、铁路先行”。

中国高铁安全可靠，技术先进，具有性价比高等竞争优势。铁路主动服务党和国家工作大局，为经济社会发展提供有力保障，不仅对提升我国对外合作水平、优化外贸结构意义重大，而且促进国内产业转型升级，为中国装备在世界市场赢得了良好声誉。

那一条条高铁就是一个个经济发展的新引擎。放眼神州，银色巨龙驶过之处，一座座城市因为便捷的交通优势插上了经济腾飞的翅膀，人们尽享速度与激情带来的新生活、新幸福。

高铁不断刷新人们的出行方式、生活理念，深刻改变着中国经济版图，也在影响着世界未来发展。

我们忘不了，从强力补短板，到促进西部大开发、中部崛起、东北振兴，从坚决调结构、增运量，到打好三大攻坚战，铁路发挥了不可替代的作用，有力带动了沿线经济增长和相关产业结构优化升级，推动了区域、城乡协调发展和社会生态文明建设。

服务京津冀一体化，一个“轨道上的京津冀”正在形成。

助力长江经济带发展，沿江铁路大通道建设有序推进。

决战决胜脱贫攻坚，铁路扶贫，尽锐出战，正齐心向着全面建成小康社会的目标奋力。

贯彻新发展理念，铁路不仅运能大、运距长、成本低，而且节能环保，与公路、水运、航空等交通方式有效衔接、优势互补，在综合交通运输体系中发挥着重要骨干作用。

在“一带一路”倡议的指引下，中国铁路走出国门，与世界各国分享建设发展成果。在印度尼西亚，合作建设的雅加达至万隆高速铁路进展顺利；在老挝，共同建设的老挝万象连接中国昆明的铁路进展顺利；与欧洲国家合作的匈牙利至塞尔维亚铁路项目务实推进；中俄两国达成了共同建设莫斯科至喀山高速铁路的共识。

所有这些，是中华民族伟大复兴征程的真实写照。

你好，中国高铁，你在人类瞩目的眼神中，光耀世界！

新时代的步伐不可阻挡，新时代的前程无比辉煌。

2020 年就要来了。站在新的历史起点上，中国铁路人始终坚持国家铁路的战略定位，坚持人民铁路为人民的宗旨，更加自觉地在大局下行动，瞄准“三个世界领先”“三个进一步提升”的铁路先行目标，不忘初心、砥砺前行，只争朝夕，奋发作为，必将谱写出更加灿烂的崭新篇章！

目录

contents

001 ·亲情的放飞·

053 ·路上的幸福·

亲情的放飞

- 长大后也成了你
- 背着母亲建高铁
- 穿越的幸福爱情
- 高铁伴我读大学
- 坐着高铁去看孙媳
- 回家团圆不再难

长大后也成了你

爸爸总是缺席女儿生活中的各种重要时刻，女儿带着对爸爸的思念和抱怨慢慢长大。可是，走出大学校门，女儿却来到同一个高铁工地，和爸爸一起并肩奋斗。

采访对象

张亚希，中国中铁隧道局集团有限公司商合杭高铁项目部员工。

扫一扫，观看采访张亚希视频

初冬的皖北大地，已经寒气袭人。商（丘）合（肥）杭（州）高铁工地上，彩旗猎猎，机声隆隆，一派繁忙景象。建设者们正在进行太和特大桥跨漯阜铁路连续梁施工。

这里，有位姑娘身材娇小，秀发披肩，看起来文静柔弱，话语中却透出成熟和刚毅。她的名字叫张亚希。

有人说，陪伴是最长情的告白。年少时，她渴望父亲的陪伴，但对她而言，那就像奢侈品，一次次渴望，一次次失望。大学毕业后，她却学着父亲的样子，义无反顾，走进高铁建设工地……

12 个相同的愿望

“长大后，你想干什么？”小时候，每当爷爷、奶奶问这句话时，张亚希的回答都是当科学家或者医生，从未想过要和爸爸一样成为铁路建设者。因为那时，她比较怨恨爸爸，更怨恨他的工作。

张亚希的爸爸是千万名铁路建设大军中的普通一员，打从爷爷手中接过铁锤和钢钎的那一天起，他就离开家庭，长年在铁路建设工地。从小学到大学，张亚希很少能见到爸爸，她感觉自己像生活在一个单亲家庭。

8岁那年暑假，张亚希第一次跟妈妈去工地找爸爸。火车到站时，站台上却没有爸爸的身影。“他能有多忙，他不知道我们来了吗？”从火车站到工地的路上，她满腹怨气，一遍又一遍问妈妈，觉得爸爸根本不爱自己。一下车，她就嚷着妈妈带自己去找这个铁石心肠的人，要当面问一下他，还记不记得自己有妻子和女儿。

在隧道洞口外，她踮着脚尖、伸着脖子望向大山深处。望眼欲穿的等待让她再一次噘起嘴巴抱怨：“他怎么还不下班？怎么还不出来？”

“记不清是多久，有人突然从背后拍了我一下。我转过身来，一个满脸笑容、满身油污的人站在我面前。从妈妈充满喜悦和柔情的眼神中，我感觉到他是我爸爸。但到现在我都不知道，那个时候我为什么没有冲上去给他一个拥抱，叫上一声‘爸爸’，而是给了他一个赌气噘起的小嘴巴。”

“上初中时，由于妈妈要在家照顾弟弟，没人去给我开家长会。我就想，我爸爸在哪儿呢？”

寒来暑往，张亚希生活中的各种重要时刻，爸爸总是缺席。伴着对爸爸的抱怨和思念，她慢慢长大。有一年生日，时钟敲12响的时候，妈妈将她抱在怀里说：“快许12个愿望。”“我心里就重复着12句同样的话，爸爸过年回家、爸爸过年回家……”

然而过年仍是家在电话这头，爸爸在电话那头……

渐渐地，她心中产生了疑问：爸爸真那么忙吗？爸爸工作真的重要吗？他在工地到底为什么不能回家？

爷爷的钢钎传给了我

2015年大学毕业时，张亚希走进了爸爸的单位——中国中铁隧道局集团有限公司，在铁路工地从事财务工作。

踏入单位大门的那一瞬间，她有些懵懵懂懂，说不清楚为什么要选择这个职业，也不明白这个选择对自己和爸爸来说意味着什么。

“我想来想去，觉得选择这份工作可能有两个原因，一个是遵从内心的召唤，想来工地一探究竟，看看爸爸到底为什么不能回家；二是了却爸爸的愿望，爸爸一直为自己的单位和职业感到自豪，他希望我把这份事业传承下去。”

张亚希和爸爸并肩战斗的第一个工程是合福高铁。刚去时的记忆就是爸爸的手机异常繁忙，俩人一起吃饭的机会屈指可数。有时好不容易一起吃饭，一个电话就让他放下碗筷，匆忙赶向十多公里外的工地，甚至连一声道别都没有。一脸茫然的她，看着爸爸穿着橘色工装的背影慢慢消失，心中已不是抱怨，而是不舍。

后来，张亚希慢慢知道，很多同事和前辈都是远离家乡和亲人，长年战斗在工地。有人为了赶工期、赶进度一年都没回过家。有人说在工地白天过得很快，可是工地的夜晚很漫长。“相思相见知何日，此时此夜难为情”，夜幕降临，相思绵长，大家用来慰藉乡愁的多是一张相片、一个电话或者一次视频连线。张亚希想起，多年前自己的爸爸也大概如此，夜里枕着思念入眠，第二天又斗志昂扬地投入到工作之中。

每次工程节点完成后望着大家脸上洋溢的笑容，她从心底敬佩他们，也逐渐理解像爸爸一样的铁路建设者，“正是一群群像爸爸一样的人不分昼夜地坚持，一座座桥、一座座隧道、一条条铁路新线才顺利贯通，他们都在用自己默默的奉献，诠释着一个铁路人该有的责任和担当。”

2015 年 6 月 28 日，合福高铁开通运营那天，张亚希的爸爸倒了杯酒，坐在电视机前看着央视《新闻联播》报道通车喜讯，满是皱纹的眼角似有泪花闪烁。一杯酒下肚，微醺的他把女儿叫到身边说：“丫头，

你是不是有时会责怪老爸……老爸知道前些年苦了你妈和你。我小的时候，你爷爷也是常年在外，那时候我也不懂。后来，我接过你爷爷手里的钢钎，走上岗位，才理解你爷爷的责任和不易。你现在实习期满一年，真正成了中铁隧道局的一员，其实我心里一直很高兴，以你为荣……”

那天，张亚希的爸爸高兴得像个孩子，粗糙到有些硌人的大手一直紧紧地握着女儿的手说这说那。望着爸爸掩饰不住的喜悦，张亚希突然明白了：我来中铁隧道局，其实就是因为爸爸，如爷爷传给爸爸的那柄钢钎，爸爸将它传给了我。

工地上收获甜蜜爱情

一转眼，张亚希在中铁隧道局工作已 3 年，与爸爸一起从合福高铁项目转战到了商合杭高铁项目。

在这个位于淮北平原的铁路工地上，她不但能够继续陪伴爸爸，还收获了爱情，遇到了人生的另一半。

来到这里不久，爸爸抄下了她的QQ号码。随后，一个男孩在QQ上加了她，他就是冀翔，他的爸爸冀光华和张亚希爸爸都在商合杭高铁工地，俩人是关系很铁的“老战友”。

冀翔大学学的是土木工程，2013年一毕业就到河北的一个高速公路工地工作。

“我们俩都是第一次谈恋爱，在网上聊了一段时间后，他来安徽看我。我们在太和县一家商场吃饭、看电影。”张亚希回忆起当时的情景还有些害羞：“吃饭时还觉得有些尴尬，彼此之间话语不多。看完电影，尴尬少了一些。”

过了不久，冀翔又来到张亚希的工地，从此再也没有离开。后来张亚希才知道，他放弃了即将升任工程部长的机会，从河北调到商合杭高铁项目部，担任一名普通技术人员。

张亚希说，冀翔调到这里来，一半是为了她，一半是因为他的爸爸，“他觉得自己以前和爸爸离得太远，想通过工作来陪伴他。如果他干别的工作或者在别的工地，一年之中只有过年时才能见到父亲，甚至过年也见不到。调到这里后，他与我们见面的机会多了很多，这样的机会在工程单位非常难得。”

爱情是甜蜜的，工程人的爱情却多了一份钢筋混凝土般的厚重。在商合杭高铁项目部，张亚希住在一分部，冀翔住在四分部。他们俩相隔200个桥墩的距离，算起来正好是7公里远。虽然路程不远，但由于各忙各的，经常都要加班，俩人十天半月才见一次也是常事。

尽管如此，他们俩心里很满足，“一家有好几口人同在一个工地上，对我们来说已是很幸福很幸福的事情。”

幸福时光总相连

冀翔的爸爸冀光华是中铁隧道局集团有限公司商合杭高铁项目部总工程师。他们项目的重难点工程是太和特大桥跨漯阜铁路100米连续梁转体。这是中铁隧道局历史上首次进行高铁转体梁施工。为保证转体成功，他爸爸一直忙着指导技术人员准备技术资料，连续一个月每天睡眠时间不足5小时。用他自己的话来说，有时候走路都要打瞌睡。

持续高强度的工作把他击倒了。2017年9月20日凌晨，他因为轻微脑梗住进了医院。医生叮嘱他好好休息，调整情绪，放松身心，才能对病情治疗有帮助。在医院待了两天后，他实在坐不住了，强烈要求出院，一出院就直奔工地，检查桥面监测数据、查看转体前的技术准备工作，丝毫不像一个昨天还躺在病床上打点滴的人。大家劝他回去休息，他却笑着说：“轻伤不下火线，现在是最关键的时刻，我要跟兄弟们一起完成这次任务，我们还要一起喝庆功酒！”

2017年10月18日是转体梁转体前施工关键技术和现场工作落地的日子。这一天，在同事们的祝福声中，张亚希与冀翔牵手走进婚姻的殿堂。婚礼上，两位爸爸兴奋地说，今天两个孩子结婚了，下个月我们还有两个孩子也将在空中“牵手”。

看见长辈们自豪的神情，张亚希更加理解了他们所讲的“每个项目、每项工程都是有生命的”那句话。看着工程一米一米延伸，犹如看着自己的孩子一天天长大，有谁不爱自己的孩子？多少次，他们喊哑了嗓子、磨破了手指、熬红了眼睛；多少次，他们为了工地的“孩子”爽了儿女的约会，忘记了儿女期盼已久的礼物。

2017 年 11 月 9 日，经过连续 60 分钟操作，爸爸们的两个“孩子”——商合杭高铁跨漯阜铁路 100 米连续梁 215 号、216 号墩转体梁在空中精准合龙，成功“牵手”。这是他们全家人的幸福时光，也是所有建设者的幸福时光。

2018 年 3 月 16 日，他们施工的商合杭高铁古城特大桥梁体完成应力体系转换，这在国内时速 350 公里高铁桥梁施工中尚属首次，意味着他们书写了中国高铁桥梁施工技术的新纪录，大家心里又一次被幸福填满。

2019 年底，商合杭高铁就要通车了，生活和工作在这条高铁沿线的人们，都将迎来自己的幸福时光，而张亚希和爸爸们也要承建新的工程。

张亚希感慨地说：“那时，我们未必能像这次这样幸运，一家人可能会各奔东西，分散在不同的工地，但我们会永远铭记这片土地，铭记这一段难得的幸福时光。”

背着母亲建高铁

母亲 70 多岁了，身体不好，走路也不方便，一想到把她留在老家当一个空巢老人，儿子心里就有说不出的难受，于是下定决心把母亲接过来，之后他去哪，就把母亲带到哪。

采访对象

刘建林，中国中铁五局集团有限公司京张高铁项目部领工员。

扫一扫，观看采访刘建林视频

“过了知天命的年龄，还能和老母亲朝夕相伴，这种幸福，不是所有人都能有的。”

说这话的是刘建林，51岁，四川南充营山县老林镇龙森村人。2016年秋天，北京至张家口高铁全面开工，他作为领工员，随单位中铁五局集团来到北京八达岭长城下的京张高铁项目部。和他一起来到工地的，还有背上的母亲王万全。

长城下的别样风景

在长城下的工地上，人们经常看到这样一幅画面：一位身着工装、头戴安全帽的中年男子，背上背着一位老婆婆，在工地的生活区慢慢走着。老人在背上，微眯着双眼露出惬意的神情。男子的步伐缓慢却有力，他汗流浃背，脸上始终挂着幸福的笑容……

“她身体不好，走路不方便，一想到把她留在老家当一个空巢老人，我心里说不出的难受，所以就下定决心把她接过来，以后我去哪，就把她带到哪。”不久，刘建林背着母亲建高铁的故事，就在京张高铁工地传开了。

刘建林是铁二代，他的父亲就是一位铁路建设工人。

1976 年 7 月 1 日，刘建林的爸爸在去为单位员工买菜的途中遭遇车祸，乘坐的车子翻下万丈悬崖，突如其来的伤亡事故让刘建林的母亲悲痛欲绝。回忆起那段往事，刘建林的母亲王万全说："当时眼泪都已经流干了。"在失去丈夫的日子里，王万全愈加坚强。她带着年幼的儿子相依为命，还经常安慰儿子："儿啊！别怕，你爸走了还有娘在，有娘一口吃的，就有你吃的！"为了给刘建林买点儿好吃的，买件好衣裳，她卖过汽水，弹过棉花，摆过地摊，当过装卸工，也收过废品，只想通过自己的努力让儿子过上和别人一样的生活。

从云南背到北京

含辛茹苦多年，刘建林长大成人。1995 年，他子承父业，也成为了一名筑路工人，娶了媳妇还给王万全添了个孙子。但是，筑路工人的职责，就是奔波在全国各地的工地上，一年到头很少回家，再加上儿媳也在外打工，王万全又挑起了照顾孙子读书的重担，一晃又是十几年。

后来，孙子学业有成，参加了工作，王万全的身体却熬垮了，患上了劳损性关节炎，走路越来越不方便，尤其是在阴雨天和冬天，很难下地行走，也不能长时间处于一种姿势不动，否则会造成关节磨损和负重。

几年前，刘建林发现母亲有些自暴自弃，不按照医生的嘱咐进行治疗，不仅独自在家没有人照顾，还拒绝亲朋好友的探视。当时，他正准

备参加沪昆高铁壁板坡隧道建设，看着母亲日渐消瘦，精神越来越差，他心如刀割。

2014 年 5 月，他毅然将 72 岁的老母亲从四川南充背到了云南富源的沪昆高铁壁板坡隧道工地。从此，他背着母亲建高铁，兼顾着爱岗与尽孝，在刘建林看来，“再累也值得”。

2016 年，刘建林随大部队转战京张高铁工地，经领导同意，他再次背上母亲来到京张高铁八达岭隧道 1 号斜井工地。一边上班一边照顾母亲，其中的辛苦自不必说。刘建林说：“跟母亲在一起，我的家才圆满。以后无论我工作到哪儿，只要领导同意，我都会背上母亲、照顾母亲，以工地为家。”

“子欲养而亲不待”是人生中最大的憾事。得知刘建林的母亲到施工驻地生活后，队领导班子经过研究，为她安排了一间最大的卧室；厨师得知老人胃不好，经常给她熬八宝粥、炖骨头汤、擀面条，让老人乐开了怀；老人想见儿媳，队领导还给儿媳唐小琼安排了一份工作，在隧道门禁值班，这样她可以利用休班时间多陪陪婆婆。

老人说：“这里的年轻干部像对待自己的母亲一样照顾我，有空就轮流陪我聊天、拉家常。”家乡的亲友惦记她，给她打电话，她逢人便说，在这里她过着幸福生活，享受到了期盼已久的天伦之乐。

“北京好，我看了天安门、毛主席纪念堂、故宫，工地的孩子们更好，都像亲人一样照顾我。”提起现在的生活，王万全的笑容里全是满足。

我也觉得很骄傲

京张高铁八达岭隧道工程沿线，分布着居庸关长城、水关长城、八达岭长城等多处国家级旅游景点。2017 年黄金周，山上长城，游客们尽情游玩，山下隧道，建设者们为实现工程圆满交付分秒必争。

王万全说，在之前远离刘建林的 20 年里，每次一听说他要进隧道值班，她都提心吊胆，“之前我老对隧道的安全不放心，生怕再出现他爹的事情。”但是，这次来到京张高铁建设工地之后，王万全的心里踏实了，她亲眼看到现场安全管理严格、有序，还听说利用手机和网络等先进技术手段，可以有效保证项目管理人员随时随地获取现场实际情况，科学合理指导施工，极大地保证了隧道施工安全。

2017 年，刘建林参加建设的八达岭隧道 1 号斜井两次平安穿越水关长城，实现了安全质量零事故。提起这件事，王万全的语调因为自豪而高了起来：“京张高铁可是世界瞩目的项目，真是为我儿子的单位感

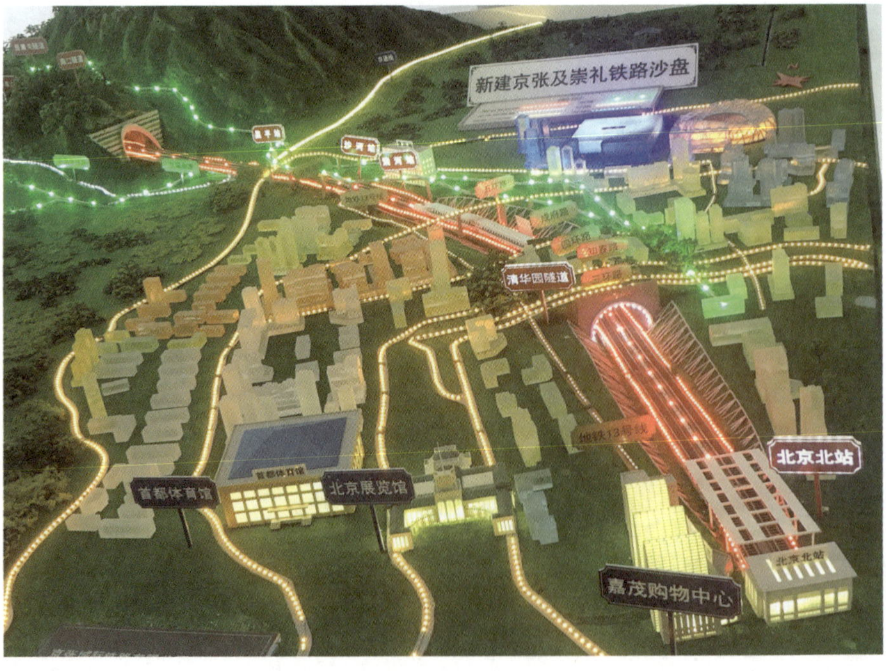

到骄傲！”

在京张高铁正线的10座车站中，八达岭长城站是唯一的地下车站，地下建筑面积3.6万平方米、最大埋深102米，建成后会成为世界上现今规模最大、埋深最深的高铁地下车站，旅客进出站提升高度62米，是目前国内最高的。不仅如此，车站主洞数量多、洞型复杂、交叉节点密集，是国内最复杂的暗挖洞群车站，其隧道也是国内单拱跨度最大的暗挖铁路隧道。

最值得一提的是，在长度约12公里的八达岭隧道之中，一处并行水关长城，两次下穿八达岭长城，为保护文物，建设方采取了精准微损伤控制爆破技术，将震速从普通爆破技术的5厘米/秒降到0.2厘米/秒。负责承建京张高铁八达岭隧道的第三标段副经理代震龙说，隧道所穿过的山顶到底部之间，最大埋深高度是102米，而最小埋深只有四五十米，“很多地方洞石比较多，岩柱薄，地质条件复杂，这就要求我们在机械掘进时更加小心。”

京张高铁八达岭隧道于在2018年12月贯通，2019年内实现通车，至此，刘建林和工友们又完成了一项任务。“我参与建设过秦沈、杭甬、武广、黔贵、南昆、沪昆等很多铁路项目，这次又参与了京张高铁建设，我也觉得很骄傲。”

刘建林不知道下一站会去哪，“项目走到哪，我就要去到哪。”但他知道，无论去哪，都是要和母亲王万全在一起的，“有妈才有家。”

走出工棚，外面的寒风仍然刺骨，我们的心里却是那样的温暖如春。

复兴号奔驰在复兴路上 / 刘坤弟 摄

穿越的幸福爱情

父母都在北京，她自己也在北京上班，却嫁到了天津，手拿中铁银通卡，一年四季，几乎天天坐着高铁在京津两地跑来跑去的，实属稀罕一族。

采访对象

田恩祯，北京奥运博物馆员工。

扫一扫，观看采访田恩祯视频

家在一个地方、单位在另一个地方，这样两地天天跑的人有很多。家和单位在同一个地方，嫁到另一个地方，如此两地天天跑的就少见了。而小田便是稀罕一族的。

“高铁列车为人民带来了极大的方便，我身为旅客越来越喜欢，也习惯了双城生活。”说起高铁和自己的生活，小田快人快语，说话干脆利索，脸上洋溢着幸福。

穿越的感觉真好

小田全名叫田恩祯，地道的北京人，一口京腔、一嘴京调、一身京韵。她的父母家就在北京西城区，她大学学的是旅游管理专业，2008年毕业后先从事其他工作，2015年来到北京奥运博物馆开放管理部工作。这个博物馆主要是展示2008年奥运会的一些道具、服装，还有开幕式、闭幕式的精彩瞬间。

家在北京，工作在北京，怎么就嫁到天津去了？

小田大方地道出了原委。2014年，她和朋友们一起去玩，正好老

公是朋友的朋友，那是第一次认识，而且相互之间都有好感。经过一段时间的交往，两个单身就一起“脱单”了，于2016年1月领的结婚证，5月在天津办的婚礼。“因为他在天津上班，我在北京上班，我不太想把北京这边的工作辞了，去天津那边找工作，因为天津我不熟悉，毕竟我不是在那边长大的，而北京这边我上班比较熟，父母也在北京，这样有机会经常回家，看看他们，所以婚后就这样老跑。”孩子出生以后，婆婆帮忙一起带。小田也没有完全在天津这边，还是跟以前那样两地跑，没有影响小两口上班，工作生活照旧两不误。

天天跑累不累？小田的回答是累并快乐着：“每天就跟电视剧里的穿越一样，我是在京津两地间穿越，这种穿越的感觉挺好的！”

早上，她一般5点起床，5点半出家门。坐天津开往北京南站最早的那趟城际高铁，6点07分开，到单位不到8点，吃完早点，正好8点半上班。小田说：“就是早上起得比较早，下班还可以。”下班后，她每次换三趟地铁，到北京南站差不多一个小时。然后再坐半小时城际高铁，从单位到家2个小时的时间。

“晚上我回家做饭，或者去孩子奶奶家吃。我们两家挨得特别近，走5分钟就到。孩子在奶奶家，我每天去看看孩子，跟他玩一会儿，给他洗个澡，他就睡觉，然后我们再回自己家睡觉。”

小田的老公在婚庆公司，负责摄影，时间比较灵活。双休日都没事的话，她们就会带孩子出去玩。

没有高铁肯定坚持不了

小田真心感谢高铁，“要是没有高铁，没有高铁半小时的速度，那我就坚持不了了，可能会把北京的工作辞了，完全在天津那边上班了。你看，北京从城里到郊区，比如说从二环到四环、五环也需要一个多小时。尤其是上下班高峰，地铁特别挤，需要很长时间。现在两个城市这么快的速度，刚才还在天津呢，现在就到北京南了。有时周六我老公跟我从天津坐城际到北京，就为了吃顿饭，吃完，我们两个又从北京回天津，我老公也说，就跟到隔壁串门一样。”

2017 年，铁路方面推出了“中铁银通卡”。有了这个卡，到了北京南，或者到了天津站，就可以去银通卡机器上直接取票，特别方便。比如说你要买周一早上的票，通常提前好几天通过网络或售票窗口买，但如果有银通卡就不用这么麻烦，周一早上早到 10 分钟，或者早到 15 分钟，到机器上直接取一个座位号，有座位，就可以直接上车。假如没有座位号，就只能取稍微晚一点的车。有的时候取了座位号，但车晚点了，也不用去窗口排队，机器上就可以取消、更改，挺方便的。

她经常带孩子来回北京、天津两边跑。小孩 10 个月的时候，就跟着坐城际高铁。“我自己带着他回北京看我妈。小孩坐不住，前 20 分钟还比较老实，后 10 分钟的时候就开始有点闹了，然后我就带他去车厢连接处，走一走，玩一玩，看看风景，喝点水。差不多也就快到站了。如果车上时间比较长，我自己一个人带着孩子，还真的是挺犯怵的。”小田说，“我怀孕的时候，挺着大肚子坐高铁，挺有意思的。列车员巡视，看见我了就会说站台与车的缝隙比较大，下车的时候一定要注意脚下。现在我带着小朋友，列车员就会提示车厢里面不要乱跑，注意安全。”

京津城际高铁于 2008 年 8 月 1 日通车，之后一周北京奥运会开幕，是北京奥运的配套工程，一开始是和谐号动车组列车，现在是复兴号动车组列车。小田对这两种车都有体验。她一般坐二等座，和谐号座椅比较窄，尤其是夏天，三个人挨在一起，觉得有点挤。复兴号的座椅比和谐号要宽一点，感觉舒服一些。座椅的颜色也不一样，和谐号的座椅是蓝色，一进车厢就感觉暗沉沉的，复兴号的座椅则是橘色的，一进去就感觉车很干净、很敞亮，心情都不一样。和谐号的卫生间都是那种坐便式。如果想洗手，就得进厕所里面洗。她说她不喜欢。复兴号既有蹲便又有坐便，而且厕所外有一个独立的洗手池。复兴号最大的好处就是充电特别方便，这点让很多旅客非常满意。

谈到车费开销，小田自己算了一笔账，觉得挺划算的。她买的 9 折卡，一个月一千多块钱。

如果把北京的工作辞掉不干，就没有工资了，但保险不能断，需要自己上，最低的话一个月也要一千多块钱，她如果没有工资，她的保险就需要老公出。小田说话很坦诚："两个人挣工资，肯定比一个人挣工资要好，与其交保险还不如花在车费上呢，而且天天在家待着也不行啊。女人在家待着，就容易脱离社会。父母和公婆对我两地跑来跑去的没意见，只要我们自己乐意就行。"

小田说她属于那种闹铃一响，就得赶紧起床下地洗漱，不能耽误的人。车到北京南站，好多旅客都跑，她也跟着他们一块跑，一开始并不知道他们为什么要跑，后来才发现，跑得快的可以早上地铁。她觉得这样挺好，锻炼身体了。

大家出站的速度很快。因为高铁早班车全满，地铁 4 号线很挤很挤。小田说："换地铁 2 号线时我也跑，真是太锻炼身体了。"

一家人都特别喜欢坐高铁

小田说自己以前很少出门，原来那种绿皮火车都没坐过。结婚前去过西安，坐的是高铁二等座，路上用了五个小时。

她算是老北京，但她说现在北京人太多了，不像天津人少，去哪儿都挺方便的。

她说他们一家人都特别喜欢高铁。她经常带父母坐高铁去天津，“他们觉得很快，一会儿就到了，而且他们觉得车厢环境好，感觉舒服。我妹上天津来找我，在天津玩一天，累了，回去买的商务座，100 多块钱，可以躺着休息，体验一下这种感觉，挺好，相当于在天津做个指甲加上商务座的价钱，等于你在北京做指甲的费用。”

小田有一个单位同事，家住昌平，婆婆家住在海淀，“她开车上下班，路上花的时间跟我花的时间差不多。”“像我下午 4 点半下班，6 点就已经到天津了，6 点半就到家了，其实也挺方便的。有的单位 5 点或者 5 点半才下班，到家就晚些。”

这些年，在京津间跑，几乎次次都是坐高铁，自己很少开汽车，除非是拿大件东西。小田说：“开汽车太累了。”记得，一次在北京农展馆有个玩具博览会，他们一大早起来开车，中午才到北京，吃过午饭，下午去逛了玩博会，买了点玩具，也没吃晚饭，就匆匆开车回天津，困的都不行了。她说：“我老公将车停路边眯了 10 分钟才接着走的。我都不敢睡，得盯着他。如果坐高铁大家都可以睡，而且既方便又安全，高铁半个小时到北京南站，坐地铁 14 号线到农展馆，买完玩具，再坐地铁回到北京南站，乘城际高铁返回天津。那次主要考虑到东西多，要不然我们就不开车了。你不知道，开汽车到了北京，环路超堵。回到天津家里都天黑了。时间长，不安全，堵车心情还烦燥。”小田说再也不想开车来回京津两地了。

同城化的人越来越多

有一次，小田在高铁上遇到一个认识她老公的天津人。那位先生也找了一个北京媳妇，但他俩都在北京工作，在北京有房，因为没人帮忙看孩子，只好把孩子放到天津父母家。他俩想天天见到孩子，就只能天天这么来回跑。小田说像她这样跑的人也挺多的。

在北京和天津间有个地方叫武清。早上头几趟高铁在武清都停，武清站上车的人非常多，都是武清和北京间来回跑的人。

大家在高铁上要么吃东西，像面包、牛奶之类的，要么补觉。绝大多数人会睡觉。下班回去的高铁上，大家基本是手机充上电后就眯一会儿，也有的旅客下个电视剧看看。

国家提出京津冀一体化，高铁让京津冀同城化。很多人都觉得北京天津来回非常方便，而且享受这种同城化生活的人越来越多。

“天津的生活消费水平可能低一点，买什么东西都便宜些。我在北京挣钱、天津生活，挺好的。我们单位同事就是因为天津做睫毛便宜，还特意跟我去天津做了趟睫毛。还有双休日跟我去佛罗伦萨小镇玩的。”小田说，“两个城市来回这么跑，我都习惯了，就是正常上下班，只是我工作和我居住不在一个城市而已，可能听着觉得太折腾、太累。其实，我与在北京住得比较远的同事，比如丰台、平谷、昌平的同事，到家时间差不多。同事们都挺佩服我这种毅力的。其实这都得益于高铁。高铁让生活变得太方便了。”

未来有什么打算呢？小田的回答很干脆：“还是继续两头跑，这一点我想不会改变了。同学们开始还有劝我就在天津找工作呗。后来他们习惯了，也就不说什么了。我老公想在天津给我找工作，我也不让他找，起码目前不想。即使我以后在天津上班，我也得回北京，因为父母在北京。这是自己的选择，就自己承受吧。我觉得挺有意思。”

高铁伴我读大学

从本科到硕士研究生再到博士研究生，一路走来，学校与家庭的距离好像越来越近，是什么带给她诸多的方便和无数的欢愉呢？

采访对象

王明亮，大连理工大学马克思主义学院全日制在读博士生。

扫一扫，观看采访王明亮视频

王明亮是大连理工大学马克思主义学院的在读博士生，经常往返于本溪和大连之间。如今坐着高铁三个小时左右的车程，而且一趟直达。在车上刷刷手机，看看书，听听音乐，很快就到了。她说自己“很享受旅途中的这段时光”。

然而，火车之旅的安逸和快乐，并不是从一开始就伴随着王明亮的求学之路。十年里，她经历从念本科到读博士的成长，火车也经历了从普速到高铁的发展。十年的物是人非，一路变迁，火车，始终伴随着她的成长。她呢，见证着铁路的变化，也体验着出行途中时空环境变得更加美好。

速度更快

2008 年，考入大连民族大学读本科后，第一次坐火车去大连的情景，王明亮至今记忆犹新。

她的家在本溪，大学录取通知书上的学校地址是大连。从本溪到大连，那年只有一趟绿皮车，别无选择。因为当时年纪小，又是女孩子，

第一次出远门，父母很不放心，坚持陪她一起去学校报到。于是，一家三口拖着行李箱，背着大包小包，登上了这唯一的火车。

第一次出远门，对王明亮来说，兴奋又激动。8 月底，正值开学季，本溪火车站人潮汹涌。进站、检票、一家三口被人流裹挟着上了车。车厢里人满为患，有座的、没座的，站着的、蹲着的，大包小包塞满了行李架和座位下面。

中午 11 点 57 分，列车鸣着汽笛缓缓启动。整个车厢人来人往，拥挤而嘈杂。到了午饭时间，列车员推着小车艰难地穿行在车厢里狭窄的过道，吆喝着售卖各种零食、盒饭、啤酒和烧鸡。所到之处，旅客都十分无奈地侧身避让，所售无几。大家纷纷从背包中掏出自备午餐，无非是面包、火腿肠、午餐肉、方便面之类。车厢跟集市一样，吵吵闹闹，旅客们呼朋唤友，边吃边聊，夹杂着小朋友的欢笑声，交织在一起。午饭后，有三五一群打牌的，还有继续聊闲篇的，大部分人带着疲倦歪在座位上打盹，鼾声此起彼伏。

这一程，他们仨从日头高悬就上了车，到站时，天儿已经黑透了。上了年纪的父母坐这一路硬座，下车时腰酸背痛，都有点吃不消，对女儿未来的求学旅程也充满了忧虑。

当年，只有那一趟直达车，还经常晚点。王明亮记得，每次她和妈妈约好接站时间，可火车很少准时到达。多数时候，她挤下车时，总会看到在站台上等候了多时疲惫的妈妈。

后来，这趟直达车也被取消了。她上学非常折腾，必须先从本溪坐一趟来自绥化方向的过路车，到辽阳或者沈阳倒车，再去大连。中间换车的时间大约 40 分钟，旅客必须先出站，再进站，拎着箱子出去转一圈再进来，特别不方便。经常看到旅客中有老人、孩子，提着行李，十分费力。这样一耽搁的话，整个路程就要七八个小时。

2012 年，王明亮本科毕业，考取了大连理工大学硕士研究生。这一年，还传来一个振奋人心的好消息：哈尔滨到大连的高铁开通啦！

2012 年 12 月 1 日，哈大高铁开通运营。这条高铁贯穿黑龙江、吉林、辽宁 3 省 10 市，北部衔接哈齐高铁、哈牡高铁、哈佳铁路，中部衔接长珲高铁、长白乌快速铁路等，南部衔接沈丹高铁、丹大快速铁路。哈大高铁接入全国高速铁路网，通过中转换乘，动车组列车连通东北、华北、华中、华东等主要城市。哈大高铁是一条高效便捷之路，它大大缩短了东北三省的时空距离。

王明亮去大连上学的路途时间一下子由七八个小时变成三个半小时，整整缩短了一半。动车车次也一下子多了起来，从大连到本溪，每天有七八趟车，不管几点都能坐上车回家。王明亮开心极了，因为研究生课程不那么紧，她可以经常回家和父母团聚。坐车不再是沉重的心理负担，而是享受沿途的风景。

2015 年王明亮硕士毕业，开始攻读博士学位。这一年，沈丹高铁、丹大快速铁路开通，彻底和哈大高铁连通。王明亮像发现新大陆一样兴奋，铁路发展变化与她的求学路紧紧相连："高铁简直就像冥冥中不断为我铺就的坦途：我读本科时只有普速列车，全程要七八个小时；读研究生时哈大高铁开通，先坐一段普速列车，再坐高铁，大概三个半小时；等到我读博士时，沈丹高铁、丹大快速铁路接入哈大高铁，从本溪到大连，一趟直达，三个小时就到。"

环境更美

十年间，车上的环境变化，让王明亮感触更深。早年的那次乘车经历给她造成了不小的心理阴影。

那是大二那年的五一，王明亮想回家过节。她去车站排了半宿的队，才买到一张站票。节日的大连站人潮如织，车厢内更是拥挤得超出想象："我在车厢内根本找不到落脚的地方，最后硬被挤到了厕所门口才站稳脚跟。那是怎样的一种体验呀，我一辈子都不会忘记。就这样站了一路，不停地被人挤来挤去，还要不时为上厕所的旅客让路，全程忍受厕所传出的刺鼻味道。"她不敢吃、不敢喝，硬是凭着对父母的思念支撑着自己，心里盼着快点结束这痛苦又漫长的旅途。回家后，妈妈心疼地把她搂在怀里，小王委屈得掉下了眼泪。

六七个小时的路程，不仅仅是时间上的煎熬，车上环境更是让人无法忍受。由于那时只有一趟车，车上总是人满为患，加上车厢封闭，经常弥漫着汗味、烟味和方便面混杂的味道。最尴尬的莫过于上厕所。要想挤过整节车厢去厕所，还真得有足够的勇气。因此她忍着，尽量少喝水或不喝水。旅客的素质也参差不齐，很多人特别不注意形象，卫生习惯不好，还经常出口成"脏"。她一个小姑娘，敢怒不敢言。东北人脾气火爆是出了名的，那几年坐车，她经常看到车上有吵架的，甚至动起手来的也不在少数。起因嘛，无非是谁踩着谁了，背包挤占座位了，也有因为列车员服务态度不好的。一旦上演"全武行"，车长和乘警都赶紧跑过来劝架。车厢里还有看热闹的、起哄的，其他人想在车上看会儿书，几乎不可能。

对比如今的高铁车厢，宽敞、明亮，环境非常整洁，没有了方便面弥漫的味道，也不再有一地的瓜子皮、橘子皮。因为全列禁烟，车厢内的空气也很清新。车上有空调，冬暖夏凉，特别舒适。而且随着乘车环境的改善、出行体验好了起来，感觉旅客的素质也都提高了，也许可以归结为人们生活水平的提高吧。车厢里不再有人大声喧哗，看手机、看

iPad 的人也都会戴着耳机，尽量不影响到旁边的人。就连小孩子也很少哭闹，乖乖地坐在座位上。

这样的舒适旅途中，王明亮经常会在车上看看书，刷刷手机，听听音乐，累了就休息一下；车上有 Wi-Fi，手机没电了，座位下还有充电口。人性化的设施越来越完备，乘车时还可以做自己想做的事情。“以前坐车是煎熬，现在真的是享受。”王明亮笑起来，小虎牙一露，加之脸上的小酒窝，显得格外迷人。

她说，高铁上的治安也比以前好很多。记得十年前坐火车上学时，妈妈总要反复叮嘱她，钱包要放在随身带着的小包里，上厕所也要背着；不要和陌生人搭话，不要泄露自己的信息；更不要随便喝别人给的饮料，小心被迷晕了丢行李。确实，以前在车上丢东西的不少，旅客之间都很提防。现在可能人们生活条件好了吧，几乎见不到这种在车上丢东西的现象，大家听到更多的都是旅客自己落了东西。王明亮曾经听一个男孩讲过，自己不小心把 iPad 落在车上，第二天想玩的时候发现找不到了，这才回忆起来好像是落车上了，赶紧联系车站，还真的就找回来了。列车工作人员捡到后交给车队或者车站，再广播失物招领。今非昔比，真是不可同日而语。

准点率更高

这些年，王明亮在国内如果是短途出行，她一定选择火车。火车最大的便利就是不像飞机有安检的时间限制。哪怕提前十几分钟到车站，也能上得了车。王明亮讲了这样一个故事。

有一次，她到北京办事，从大连选择了飞机。想着飞行时间短，可没想到，大连起飞时，因为天气原因，晚点一个多小时，结果影响了后续行程，打乱了原有计划。对此，王明亮真是后悔不已。从那以后，短途出行她都选高铁。高铁准点率高，这么多年，她还没遇到过几次晚点的情况。

在她心中，高铁比飞机更靠谱。高铁车次选择多，时间灵活，又很少因为雨雪天气取消车次，给人以踏实感。尤其夏季雷雨天出行，听着交通广播中飞机大面积晚点、航班取消时，她都为自己选择了高铁而庆幸。

国外的火车她也坐过几次，很多国家的火车票很贵，一张票动辄折合人民币上千元。有的国家火车很不靠谱，本国居民对火车晚点习以为常，但是外国游客往往因为火车晚点无奈更改行程，损失惨重。相比而言，中国的高铁无论是速度、安全、准点率，还是服务水平，都已经处于世界领先地位。

现在国内坐高铁，王明亮还有一个重要感受，就是人的体面、尊严得到了很好的体现。十年前甚至更久远的过去，坐火车就像去逃难："哪敢穿新衣服呀，我都是捡耐脏的、方便脱的衣服穿，大多时候，我还会特意穿上一双旧球鞋，免得被人流踩踏。在车上大家也顾不上体面，脱鞋的、穿秋裤的、无票旅客急着抢占座位的、席地而坐的，真是看尽世间百态。"

到了高铁时代，旅客出行穿戴都时尚起来。王明亮说，爱美的天性不自觉流露。现在看看高铁旅客，穿裙子、高跟鞋的女士，提着笔记本的商务精英随处可见，大家再也不用担心风尘仆仆了。

高铁开通后，王明亮觉得世界变小了，她父母也觉得辽宁变小了。

周末，老两口总要出去溜达一圈。现在本溪到丹东只要一个多小时："他们有时早上出发，去丹东鸭绿江边看看鸭子、吃吃海鲜，或者去辽

CRH380B 高寒动车组以 200 公里时速在哈大线上飞驰 / 杨永乾 摄

阳看白塔，当天就回家了，不耽误晚饭。俩人还经常去沈阳玩，因为本溪逛腻了。”“本溪到沈阳的动车只用25分钟左右，比市内公交车都快。去沈阳的公园看看扭秧歌、逛一圈、吃顿饭，下午就回家了。老两口的周末生活太滋润了，我都羡慕。”有时，王明亮也会和父母约在沈阳见面。一家三口逛逛街、吃顿饭，然后父母回本溪，她回大连上学。

短短十年，高铁的发展日新月异。体面出行，让人们对高铁更多了一条选择的理由。王明亮的求学时光在不久的将来就会结束，但她与高铁的故事，还会一直持续。也许哪一天，你会在高铁上看到这样一位美丽的女孩，慵懒地靠在窗边，眼中写满故事，望向窗外无尽的风景……

坐着高铁去看孙媳

俗话说，七十不留宿，八十不留饭，九十不留坐。哈尔滨这位九十多岁的老奶奶好兴奋，居然踏上了奔赴沈阳的旅程。

采访对象

官瑞鑫，亚马逊中国 IT 工程师。

扫一扫，观看采访官瑞鑫视频

哈大高速铁路开通运营至今已经7年了。这是国家“十一五”规划的重点工程，是国家《中长期铁路网规划》“八纵八横”中京哈客运专线的重要组成部分，是中国在最北端的严寒地区设计建设标准最高的一条高速铁路。这条纵贯黑龙江、吉林、辽宁东北三省的高铁开通运营后给人们的生活带来了什么样的改变？一起听听亚马逊中国IT工程师官瑞鑫的故事。

高铁安放的孝心

官瑞鑫是一名事业有成的年轻人，经过多年的努力和打拼，已成长为一名独当一面的技术骨干，2019年主要负责亚马逊中国和亚马逊澳洲的IT技术支持。一路走来，铁路见证了不少他的幸福时光。他笑着说：“仔细想想，我人生许多重要的转折和幸福时光都和火车有关。”

2001年，刚刚初中毕业的官瑞鑫跟着工作变动的父母，举家从黑龙江省哈尔滨市搬迁到了辽宁省沈阳市。数得着次数的火车旅程，对于这个十几岁的少年来说，既新鲜又辛苦，从早到晚的乘车体验是他走向新家园和新生活的必由之路。

“短短几年，这条熟悉的路发生的变化实在太大，从绿皮车到特快，再到高铁，每一次变化都带给我惊喜，现在这条探亲路已经从 9 小时压缩到 2 小时了。”对于官瑞鑫而言，这条路装满了他对亲人的思念，也抚慰了他远离故土的牵挂。

每年，他一有时间就会回哈尔滨看望年迈的爷爷奶奶和感情深厚的叔伯兄弟，亲情在便捷的交通中得到维系和加强。最令官瑞鑫感念和庆幸的是，高铁让他的孝心得到了安放。

2014 年，官瑞鑫时年 97 岁高寿的爷爷突发疾病，晕倒送医。接到消息后，官瑞鑫一家急得团团转，只想立即飞奔到老人身边。大家开动脑筋对比最佳交通方案，自驾需要 5 个小时，飞机时间不理想，只有高铁趟次多、路程快、离医院近，于是一家人果断选择了高铁。到了医院，官瑞鑫定神一看，他们并没有比住得近的亲戚晚太多，有些亲戚从哈尔滨本市赶来也花了两三个小时呢。事后大家都说，多亏了高铁，老人家

在病危时见到了最牵挂的外地子孙，子孙们也没有在心中留下不可弥补的遗憾和愧疚。

老奶奶爱上高科技

2016 年 8 月，官瑞鑫准备和心爱的姑娘走进婚姻殿堂。于是，一家人兴奋地坐着高铁去哈尔滨接奶奶。

90 多岁的老人出远门并不是一件容易事，面对这样的难题，高铁又立下了汗马功劳。

官瑞鑫的奶奶从来没有坐过高铁，到了高铁站，工作人员为他们提供了从买票到候车，再到上车的重点旅客一条龙服务，非常贴心方便，尤其奶奶年纪太大了，系统里查不到身份证号，车站也想了很多办法解决，最终让他们一家人顺利地坐上了车。

最让官瑞鑫感慨的是，为了减少奶奶的旅途劳顿，他们像 2004 年第一次接当时 80 多岁爷爷奶奶坐火车到家中一样，收拾了大包小包的行李，做好了各种应急准备，没想到，老人一路精神良好，身体康健，并没有太多的劳累和疲惫感。坐着高铁去参加孙子的婚礼，成了老人很长一段时间津津乐道的话题。

官瑞鑫说，只坐了一回高铁，老人家就爱上了这个高科技。“记得当时第一次见高铁，奶奶还坚决不接受这个新事物，吵着要坐绿色的，以前坐过的那种慢火车。等参加完婚礼，在我家待了一年，我老叔来接奶奶回去的时候，老太太竟指定要坐高铁了。”高铁为 90 多岁的老人架起了连接亲情的桥梁，这个桥梁让高龄老人出门难的家庭难题迎刃而解。

除了承载着官瑞鑫和家人相聚的团圆梦，高铁还承载着官瑞鑫的事业梦。2009 年，大学毕业后的官瑞鑫和铁路的故事按下了快捷键，铁路的发展变化快速刷新着他对火车的认识，也为他追求梦想、展示才华提供了极大的帮助和支撑。

幸福就在门外的惊喜

从慢火车坐到普铁再换成高铁，火车不断更新换代，官瑞鑫也用 10 年的时间成长为知名企业独挡一面的技术骨干。2018 年，由于工作出色，他被调往北京工作。有了便捷的交通作支撑，离开娇妻和父母独自奔赴外地的选择也变得不那么难以接受了，高铁为官瑞鑫插上了远行追梦的翅膀。

人们难以改变跨省工作的空间距离，高铁却可以轻松拉近遥远空间的时间距离。官瑞鑫说：“高铁已经把北京和沈阳的时空距离缩短到了 4 小时左右，我每周末都可以回家和媳妇、父母团聚，他们有时间也可以来看我，高铁票到站随走随买，和同城也差不了多少。”

除了自己喜欢选择高铁出行，官瑞鑫身边也有很多把高铁当公交的同事，官瑞鑫的上司就是一个妥妥的“铁粉”。这位上司是上海人，常年在北京工作。回上海他从来不做其他选择，只钟爱高铁。他喜欢高铁不堵车、不晚点，随到随走，节约时间。上海成了亚马逊中国的会议热地，因为不管从北边还是南边到上海坐高铁都非常便捷高效。

对比现在翻天覆地的变化，官瑞鑫很感慨，他常常会想起十多年前坐着火车去外地读大学的经历，当时的辛苦现在看来已变成了难得的历练和有趣的故事。印象最深的就是十年前到上海的毕业实习，实习结束后正好赶上 2009 年春运，飞机票太贵，火车票紧张，官瑞鑫通宵排队也只买到了站票，几乎一路站回了家。

工作以后，飞速发展的铁路不断刷新着官瑞鑫对火车的印象，这个印象越来越好、越来越鲜明。“以前通宵到窗口排队都买不到票，现在我只要在家动动手指就能轻松搞定。”对于铁路的变化，他用“惊喜”一词来形容。他说，小时候动漫里日本新干线给他留下了深刻印象，但现在中国高铁不会输给日本，在他心中，早已超过了其他国家，这样的成就既让他感到惊讶，也让他感到骄傲和自豪，自己由羡慕别人变成了被别人羡慕，有种一打开门，幸福就在门外的惊喜。

回家团圆不再难

到香港工作快二十年了，以前回趟老家很不方便，不单是汽车火车转好几次，买火车票也不容易，春节期间更不容易，路上耽误的时间长，如今，香港进入了全国高铁网，快速又便捷。

采访对象

徐升华，深圳出众管理咨询有限公司总经理。

扫一扫，观看采访徐升华视频

隆冬时节，寒风刺骨。徐升华如约在中国人民大学明德楼前见面后，就在校园里找了一家咖啡厅，喝着咖啡，聊着故事。得知老家都是江西，我们自然又增添了一份乡情的亲切感。

出行首选是高铁

徐升华老家是江西抚州，到香港工作定居也快20年了，如今在深圳经营一家管理咨询公司。应该说，他已经是位成功人士了，但对专业能力的恐慌感还挺强，2016年来到中国人民大学攻读人力资源管理专业的博士。事业、家庭和学业都要兼顾，从粤港澳大湾区到北京，遥遥2000多公里，徐升华每星期基本上要跑一个来回。

“星期天晚上从深圳来北京，星期五回去，首选就是高铁。”徐升华说。他觉得高铁比较方便，时间设置比较合理。不管是从深圳出发还是从北京出发，都是晚上七八点的车，睡一个晚上第二天早上就到了。既不耽误工作，也不耽误学习，关键还准时准点。

“飞机航班因为天气等原因，根本没办法做到准时。”提到高铁，徐升华不自觉地与航空进行比较。有一次，他要从外地赶到北京跟客户谈项目，本来应该是晚上八点半飞到北京，结果第二天早上六点十五分才到，差点赶不上与客户见面。别提当时着急忙慌的狼狈样了。

“所以我一直觉得高铁比较便捷、准时，不像飞机总延误。”对于价格，徐升华认为高铁价格比较适中，也不是特别贵，商务人士都能接受。他也对比过公路，觉得自己开车的话容易疲劳，而且塞车路况不可控的因素太多。“如果选择坐大巴，在我个人印象中，大巴一直不是特别安全。所以南来北往出差也好、回家也好，我都是坐高铁。”徐升华补充道。

忆苦思甜

说起当今的中国高铁，也勾起了徐升华对上大学时坐火车的记忆。1996 年，年仅 18 岁的他坐上绿皮火车到外地求学。那时候的火车还没有提速，时速在 60 公里左右。

碰上春运，坐车怎一个“难”字了得！“从老家回学校有些时候要站着，而且是全程一站到底，根本就没有移动的空间。我还爬过车窗上车，因为车上挤得满满的，车门根本开不了。有时十几个人送一个旅客，挑着扁担，将行礼从车窗往车厢里塞。”回想起往事，徐升华感慨不已。

“不过从学校回老家还挺好，可以在学校订票，有座位。”徐升华回忆道。这其实归功于铁路部门一直以来主动承担社会责任，将公益性运输落到实处，不仅对大学生实行车票打折优惠，放寒暑假之前，还专门到学校设置临时售票点，给予学生优先购票的服务。

花开花落，云卷云舒。2001 年，因为有英语特长，而且又是学法律专业，徐升华到香港一家外资企业从事人力资源管理工作，并在当地成家立业，成为香港的永久居民。后来，他又在深圳买了房。就这样，珠三角成了他的根据地。

树高千尺，枝叶连根。虽然远在外地打拼，徐升华始终牵挂着自己的“根”，每年春节他都会回老家过年。那时候虽然香港没有回江西老家的直通列车，不过香港有内地火车票代售点，仍能买到从珠三角回老家的车票。他说，这是他与火车的一种缘分，也是铁路部门为了方便内地在香港求学、工作的人。因为每年春节前都会准时出现在火车票代售点，代售点的工作人员都认识徐升华。

唯一没能回家过年的是 2003 年春节，2002 年 12 月他儿子出生，考虑到孩子太小，而且春运不少是临时加开的旅客列车，车上设备设施相对差一些，坐车时间又长达一天一夜，家人身体可能吃不消，只好打消回家过年的念头。

斗转星移，万象更新。随着铁路建设突飞猛进，我国铁路网越来越发达完善，高铁运营里程实现零的突破，并跃居全球首位，织就了世界上最发达、最完善的高铁网络。如今，每天 6000 多组动车犹如白色的闪电在神州大地纵横驰骋，大大缩短了城市间的时空距离。

从此，徐升华基本不用担心回家买不到票。“抚州北有直达广州南的高铁，而广州至深圳间高铁动车更多，来回更方便，从珠三角回老家

5 个小时就能到，相当于以前时间的五分之一。”徐升华说。

徐升华的中国高铁“初体验”是在 2011 年，当年 7 月 1 日，京沪高铁开通运营第二天，他跟同学从上海去苏州玩，高铁站干净整洁的候车环境、列车乘务员温馨有礼的服务让他记忆特别深刻。“我当时就拿它跟香港机场来比较，觉得服务比机场还要好。”徐升华说。

2018 年 9 月 23 日，广深港全线开通运营，香港从此进入全国高铁网。徐升华往来于内地与香港间更方便了。他在上海有亲戚，每年寒暑假，他儿子到上海亲戚家玩就可以坐高铁从香港西九龙站直达上海虹桥站，全程只需 8 个多小时，中间停站少，比较省心。

期待服务水平也是世界第一

广深港高铁开通运营，除了让香港与内地联系更紧密，徐升华认为还为两地边检节约不少时间。他从香港的家到深圳的公司，坐地铁大约需要 45 分钟，其中不少时间在两地出入境检查。也就是说，从香港到深圳，不能坐车直达。乘客乘车到两地交界处，在香港端需要下车接受出入境检查，然后走一段路到深圳端，再次接受出入境检查，然后再上车。

“这就比较繁琐，一走一过半个小时就没了。坐广深港高铁就不用这么折腾，可以享受‘一地两检’，旅客可以一次办理完两地出入境手续，登车后无须再上下车进行边检，省去很多麻烦。”说到这，徐升华的脸上充满欣慰。

高铁带来的便利，社会大众有目共睹。2018 年底，徐升华的一个朋友为满足岳父母观看港珠澳大桥的愿望，从山东威海坐高铁到北京，然后从北京再坐高铁到香港。两位老人已经80多岁了，坐着轮椅，飞机不让坐，铁路却为他们开辟了“绿色通道”。在看到港珠澳大桥时，两位老人高兴极了，“觉得这辈子心满意足了！”

2018年9月1日，国家给在内地（大陆）工作的港澳台同胞发放居住证，铁路部门第一时间升级售取票等相关设备，给港澳台同胞出行提供更多便利。对此，徐升华满怀感恩。

如今售票更方便了，拿着手机就行，不用去排队。铁路火车票退改签服务让徐升华赞不绝口。他说，如果出行计划有变动，可以把火车票退了或者改签，手续费只要车票价格的5%，最贵也就是20%。但如果是一张飞机票，买的时候可能是几千块钱，退回来可能就不剩多少，损失太大了，所以一直以来他基本上选择坐火车出行。

在山东泰安，徐升华坐过一趟慢火车。所经之处大多是相对贫困落后地区，这趟车车票价格不高，老百姓比较喜欢坐。他说：“如果从盈利的角度讲，它肯定是不赚钱的，肯定是赔本的买卖。为什么铁路部门还在开这趟车呢？咱们社会主义制度的优越性这个时候就体现出来了。”

当然，在徐升华看来，铁路运输服务并非十全十美。他曾经在外资企业工作过、出过国，见识广博，中国铁路在他印象中与民航企业相比有不少优点，但有些方面还需进一步改进。他希望“中国高铁里程世界第一，服务水准也应该第一”。

他说进站需要验票，然后安检，上车前还需检票过闸机，到了车上还要查票，前前后后查了四次，“本来买票就是实名制，查这么多遍没这个必要，有些旅客就会觉得很烦。”还有车站、列车广播的提示语，“这个不允许、那个不允许，动不动就移送公安机关处理，这就把旅客当成怀疑对象、犯罪分子，不能这样子的。”他觉得这是一种“管控型”的服务。

高铁霸座是近两年比较热门的铁路话题。2018 年 8 月，从济南开往北京的 G334 次列车上就发生过一起霸座事件。徐升华对此事也了解，他认为高铁霸座主要是旅客个人修养问题。不过他觉得列车员可以协调一下，改进服务，而不是只在查票时出现，这可能会引起旅客反感。如果把霸座男子带到餐车，在相对独立的环境沟通，男子可能比较容易接受，事情也会迎刃而解。

由于经常坐火车，徐升华对铁路职工的辛苦付出还是有一些了解。“我们每次出行都这么方便，它是怎么做到的?”徐升华自问自答，“高铁白天行车，线路维修养护作业只能在晚上进行，其实铁路职工挺辛苦的，很不容易。”他觉得铁路部门应该做好这方面的宣传，在站车上播放铁路职工工作视频，这比播“移送公安机关”的提示语效果会好很多，也会拉近铁路工作人员和旅客之间互相尊重的关系。

“如果这个旅客给我们的服务点赞，那个旅客告诉我们还有一些要改进的地方，这就把我们的心连在一起了，这就是一个非常和谐的铁路体系，也可以说是一种铁路服务生态性的发展，我们要共同去建设和维护。”

大家现在都离不开高铁了。徐升华相信未来的铁路网络一定会越来越健全、越来越完善。

路上的幸福

- 美妙的高铁姻缘
- 犹如流动的办公室
- 别样的村上生活
- 旅途遇上有缘人
- 文化人的读书空间
- 异地同城的快活

美妙的高铁姻缘

一次高铁之旅不慎落下一条围巾。谁曾想到，那一场物归原主之约，竟然成了一对俊男靓女轰轰烈烈的爱情序曲，从而演绎出一段高铁佳话。

采访对象

冯思科，上海某基金销售有限公司总经理。

扫一扫，观看采访冯思科视频

冯思科来自内蒙古西部河套地区，2006 年中南财经政法大学毕业后，就从武汉到上海工作，先在一家大型证券公司干了三年，当时他觉得自己在那种大国企上升空间不太大，就勇敢地跳槽了。现在他在一家民营的基金销售公司当总经理。

这位 80 后小伙子很懂得感恩。“自己运气比较好，也比较爱闯，关键时刻有贵人帮忙。”他说，那时候一个人单枪匹马从外地来到上海，多亏带他的领导在事业上帮助提点，给予鼓励，以及在生活上关心照顾。

说起高铁，冯思科说：“真的要感谢高铁，是高铁给了我幸福爱情。”由于工作需要，他经常坐高铁出差，但没想到，他落在车上的一条围巾，牵线搭桥，成就了一段高铁佳话。

一条围巾落在高铁之后

那是 2015 年年底，冯思科乘坐上海虹桥到长沙南的高铁去武汉出差，到站下车后，过了一个多小时，他才发现自己把围巾忘在车上没拿。

情急之下，他给 12306 打电话，报了自己的车次和座位，没多会儿，一位女同志打来电话，她说她是那趟车的列车长小王，围巾已经找到，问在什么地方交接。听到好消息，冯思科当时非常兴奋，还以为这趟车终点是武汉，回答立刻去拿。那位女列车长说他们已经到长沙了："你在武汉，我让对开的列车给你带回来。"得知冯思科是在上海工作，她说没问题，下趟列车把围巾带回去。

冯思科说："后来她发信息给了我一个虹桥站的电话号码，说打这个电话号码预约后，拿着身份证直接过去取就行。"于是，冯思科回到上海打了两次电话，但没人接。那位车长说她也帮打了好几次也没人接。她对冯思科说："我一定帮你把电话打通。"

大概过了三四个小时，冯思科收到那位列车长发来的一个截图和短信："您的围巾已经帮您落实好了，您现在直接拿着身份证去虹桥站取就行。"

冯思科看了之后非常感动："她一下午帮我打了 60 多个电话。这位车长真认真、真执著、真敬业啊！我取到围巾拍了张照片发给她。"冯思科发自内心地感激她。

怎么谢？"这种事情你要是提出来说给人家点钱什么的，好像挺侮辱人家的，我说要不我写一封感谢信吧？她说她不需要。我想她还挺有性格的。我说我是搞金融的，那家里要是有什么投资问题，可以问我，至少可以帮你防骗。最后我说加个微信吧，下次到上海我请你吃饭。"冯思科说，"她一开始不愿意给微信，要了很长时间才给。就这样算是认识了。"

他们虽然一直没有见过面，但通过朋友圈慢慢熟悉起来了。

在冯思科的印象里，能当列车长的可能年纪比较大一点，没想到这位车长是一个小姑娘，长得还挺好看。于是，冯思科开始刻意多一些互动。

过了半年，他们终于迎来第一次见面。2016年6月，小王在上海报了一个学做料理、烘焙的培训班，正好在这边上课。“她亲手做了一个蛋糕，要送过来给我吃。”冯思科说，“她是那种性格比较开朗的、业余爱好挺多的女孩，给我印象挺好，而且一见真人比照片还好看。”就这样，美女帅哥，情投意合，两人首次见面都很有好感，真正开始了恋爱之旅。

他俩谈恋爱以后，冯思科坐过两三次小王当班的高铁。

那是小王改跑南京南到温州南的线路之后。有一次，冯思科正好去杭州出差，特意坐了一次，想感受一下王车长在车上的状态。还有一次，是小王跑沪宁线以后，第二天是大年三十，她在南京下班，为此专门订了从南京回包头父母家过春节的飞机票，冯思科说："所以头一天我就先从上海坐高铁到南京，那天下午专门挑了她的车。"

他们俩挺有缘分。冯思科记得，有一次从合肥回上海，列车在南京南停靠时，本来在车上睡觉的他，一睁眼看到，女朋友正好在对面停靠的那趟车上当班，真是巧。

"除了感谢高铁给牵了这段姻缘以外，还要感谢高铁带来的便捷。"冯思科说，谈恋爱期间，小王那个时候住在南京，他就跑南京比较多。

以前的绿皮火车，上海到南京需要两三个小时，有了高铁以后，冯思科一般用手机 12306APP 或者支付宝买票，经常下午六七点钟下班后坐着高铁去南京，一个小时就到南京南，正好接小王下班，一起吃个饭，看场电影，完了送她回去，自己再回上海。有的时候住在南京，第二天一大早再坐早班高铁回上海，比自己平时到公司还早。"现在回过头来，我没觉得辛苦，要是坐绿皮车就会觉得累。乘高铁来回非常方便，所以攒了很厚的一堆高铁票。求婚的时候，还把那些高铁车票专门拼了一个心形出来。"

2017 年，他们顺利牵手，走进了幸福的婚姻殿堂。他俩结婚那天，婚礼司仪专门制作了一套 PPT，请来宾们猜猜这对新人的媒人是谁，下面我们就有请媒人。

冯思科当时心想没有媒人啊，哪来媒人？突然，在大屏幕上打出一个“中国铁路”标志和“12306”，说这就是他们俩的媒人。冯思科说：“这个设计挺有意思，围巾和铁路都是我们的媒人。”

对铁路人多了一份理解

无论是飞机、高铁、还是汽车，冯思科之前不太关注这些乘务人员，一上去就睡觉。自从跟小王谈恋爱，会有意识地去观察这些乘务人员。他觉得无论车长还是列车员，绝大多数都是认认真真、兢兢业业工作的，没有见到过不在外面立岗的，或者一直坐在那儿聊天、玩儿手机什么的。特别是在春运、暑运的时候，他们连轴加班，早出晚归，十分辛苦。

冯思科说：“以前真的没注意，现在是爱屋及乌，我发自内心觉得他们这个工作不敢说多么伟大，但绝对是挺让人尊敬的一份职业。”

有几次，遇到列车员查票时，他都会跟他们说一句：“你们辛苦了。”

成为铁路家属之后，冯思科对铁路多了一份关注，多了一份理解，对铁路人也多了一份敬佩。冯思科说，“外界可能只看见光鲜的车站和列车上穿着漂亮衣服、戴着帽子很威严的列车员和车长，实际上后面还有很多默默付出的铁路人，他们就像庞大而复杂的机器系统上的一个个螺丝钉，在自己岗位上奉献，否则，中国高铁不会像现在这样受到外国朋友赞扬。”

2017 年，他俩结婚去北非的摩洛哥度蜜月，是从卡萨布兰卡去马拉喀什，坐了四五个小时的火车。那里的火车一小格一小格的，不像我们以前的绿皮火车，还比不上我们 20 年前的状况，速度慢，即便中途有人跳上来跳下去，都没人管，卫生间几乎进不去人，比较脏。但是，那个国家民众看他们是外国人，还会给他们让座。

冯思科说："对于我娶的铁路媳妇，周围的外国朋友问我，你以后坐高铁是不是都不用花钱了？我说你想啥呢？除非上下班，她自己都得花钱。"

作为铁路家属，冯思科最担心的是遇到极端天气，或者有些列车故障，致使列车停在路上的情况。有一次，他收到小王发的信息，说车坏了，停了一个多小时。冯思科说："我对我太太是有信心的，但是有时会担心，因为高铁毕竟车上人多，怕大家在有故障时情绪失控。"

列车是一个相对封闭的空间，也是一个小的社会缩影。小王回到家有时候会说说当天车上发生的事。冯思科说，"她是一个很有爱心的人，会比较留心观察车上的异常情况。有一次她跟我说，车上有个带小孩的感觉像人贩子。小孩一直哭闹，她就去查票，并且请对方把身份证拿出来核对。但她心里仍不踏实，还是悄悄通知乘警上来查一查，最后证明人家确实是亲外婆跟外孙。有的时候我问她，要是你碰到座霸怎么办，她说她会很客气问是不是需要什么帮助，最多是把乘警叫过来，但会开着机子录下现场，防止人家到时耍无赖、诬陷。"

每个职业都有每个职业的特点，铁路部门有自身的纪律规矩。冯思科说，"我妈说我这个媳妇哪儿都好，就是回家太少。我说人家一个车长负责一趟车，她请了假，就意味着别人要顶上来，尤其是春运期间更不好意思请假。我妈说理解，谁让咱们是铁路家属呢。"

小王之前跑温州南的时候，虽然是上两天休两天，但其实那个车是比较轻松的，上午 10 点半从南京南发车，到温州南晚上 9 点半就下班结束了。如今跑沪宁线是上两天休三天，实际上只休两天半，因为那半天是要去学习的。

"周末要是正好都休息，就一起做做家务，一起出去逛逛，她如果

复兴号动车组整装待发 / 杨宝森 摄

赶上当班，我就收拾屋子，你忙就我干呗。”冯思科的脸上透着理解和怜爱之情。

今非昔比变化大

绿皮火车的硬座、软座、硬卧、软卧坐过，高铁的二等座、一等座、商务座坐过，从没有空调的绿皮火车，到现在的复兴号多种车型也都坐过。冯思科说，“今非昔比，变化巨大，我也是铁路几十年发展的见证者、亲历者。”

过去的一幕幕仿佛就在眼前——

20 多年前，一到暑假，他就经常跟同学们一起坐火车出去玩儿，在车上还可以随时把头伸到窗子外面去吹吹风。

上大学时，从汉口到包头火车要走 30 多个小时，速度慢，人也多，一到晚上，脚底下睡的都是人。大学一年级放寒假那次，他上火车刚坐下，一个大肚子孕妇就站到旁边来了，他纠结半天还是站起来把座位让给了孕妇，好在大姐到郑州下车，他只需站六小时就可以“坐归原主”。

2006 年春节，没买到上海到包头的火车票，他就找了一趟往北走的 Z 字头直达车软卧，夕发朝至，车上条件也好。到北京站后，买了一张北京西站到包头的一张座位票，临客车是快要淘汰的，大冬天还是挺冷的。

2009 年，浙江台州一个大学同学结婚，冯思科专门坐动车去参加婚礼，后来有高铁就更方便了。

2017 年，冯思科爸妈来上海第一次见儿媳妇的时候，他们先飞到济南看亲戚，然后从济南坐高铁商务座到上海，两位老人感到很惊喜，没想到高铁能舒适到这种程度。

冯思科现在也经常出差，但没有以前那么密集了。一般情况下，高铁在 5 个小时左右，哪怕再长一点，他还是选择高铁，不选择飞机。因为时间算下来差不多，坐飞机甚至还更麻烦一点。他说，“比如去北京，我们公司在陆家嘴，从公司去机场，路上得一两个小时，你还得提前一个小时到机场，空中飞行一个半小时，到了目的地，再进市区，再拿行李，时间就更长了。所以我觉得还是坐高铁更方便一点，还是会尽可能选择高铁，脚踏实地。”

从旅客角度来看，冯思科觉得查验票、查身份证，有点太烦琐了，现在大数据这么发达，身份信息肯定跟公安系统是连着的，没必要在进站时还查一道，完全可以更简洁点，希望能更方便一点。他期待中国高铁随着技术的进步、各方面管理水平的提升，发展更快些；盼望从上海直接坐高铁回内蒙古的日子早点到来。

犹如流动的办公室

“时间就是金钱，效率就是生命。”这句改革开放之初深圳提出的口号，已经植根在人们心底。作为企业第一管理者，他出差各地首选高铁，那是因为旅途中能够正常使用移动平台处理公务。

采访对象

季利平，中铁物资集团东北有限公司董事长、党委书记。

扫一扫，观看采访季利平视频

“便捷，十分便捷，非常便捷。”季利平用三个“便捷”来表达自己对高铁的切实感受。他说，为了赶时间，现在他出行首选高铁，以前那种在车上过一宿的卧铺车，基本不坐了。遇到什么急事，更是自己用手机订张高铁票就走了，很方便，很快捷。

季利平原本在位于北京的中铁物资集团总部工作，后来组织上安排他到沈阳一个有 300 多名职工的所属子公司工作锻炼。一晃 10 年过去，一开始是党委书记，后来又兼任董事长，肩负企业经营管理重任，他背井离乡，四处访客户，找市场，寻商机，尽职尽责，整天忙得不亦乐乎。

大家知道，中国开通的第一条时速 350 公里的高铁——京津城际，是北京奥运会的配套工程，于 2008 年 8 月 1 日开通，而季利平在沈阳这十年，正好赶上中国高铁发展最快的时期，高铁对他而言意味着什么？

高铁带来的实惠太多了

高铁改变生活不是一句空话。这么多年在外奔波的季利平感触颇深：“回头想想，那时候真辛苦。”

去沈阳工作的头几年，季利平往返出差北京沈阳两地，都是坐夕发朝至的卧铺车，晚上 10 点走，第二天早上到。因长期高负荷、快节奏工作，压力大。他本来就睡眠不好，加上路途晃荡 9 个小时，整夜都休息不好，有时下车一到单位就要开会，见客户，处理工作事务，显得十分疲惫。后来通了高铁，他就改下午 5 点钟走，坐 4 个多小时的高铁，当晚 10 点左右就到宿舍，可以踏踏实实睡上一觉，第二天上班，体力恢复好，精力充沛。可以说，高铁不仅缩短了时间，拉近了距离，而且旅途环境更舒适了。

季利平自己享受到高铁发展的实惠，也体会到高铁给企业带来的红利。

中铁物资集团东北有限公司总部在沈阳，但物资材料供应覆盖全国各地，东北区域更为集中，诸如哈大、哈佳、哈牡、牡佳、沈丹、

京津城际、京沪等高铁建设公司都有参与，包括京沈、京雄、京霸高铁也正在参与。除了铁路，他们还参与长春、哈尔滨、沈阳、青岛、石家庄、徐州、济南、南通等城市轨道交通以及公路市政等工程的材料供应。

项目点多又散，而大部分职工的家都在沈阳。过去火车慢，多数员工双休日都回不了家。有些员工家里父母年纪大、孩子小，由于不能常回家，导致单位工作和家庭生活产生矛盾，以致有的年轻人不愿意在外地长时间工作，甚至有的干脆跳槽离职。自从有了高铁，他们感觉非常便捷，速度快，路途耗时短，单位或家里有个急事，坐上高铁就走，非常便捷，有的节假日都能回家，从此，这些职工在异地工作更安心，队伍也更稳定。从另一个角度讲，地处黑吉辽津冀的子公司与沈阳总部的业务经理们，借助高铁，两地商务谈判、签订合同或开票结算等更加快速顺畅，本部人员到长春、哈尔滨时间更快，办事效率更高，当天就能跑来回。季利平说："我们企业的管理成本尤其是时间成本大大降低，这些都是高铁给我们带来的变化。"

东北公司在石家庄也有分公司。季利平说，他第二天就去石家庄，已经买了早上7点20的高铁票，8点半左右到站，9点钟能到分公司，一天的工作忙完后还不耽误晚上回京。要以前到石家庄没有高铁，坐火车要3个多小时，半天时间就没了，一般头天晚上就得走，在石家庄住一晚上，花费的时间更长，相当于两天，成本上也增加了差旅费。

季利平的经济账算得很清楚。时间对企业家们来说是最宝贵的。他说："有了高铁以后，时间有保障，工作效率高多了，企业成本还降了。"

为此，他们公司专门下发文件，规定员工出差路途在 5 小时以内的一律坐高铁。

将 12306 用到极致

高铁为人们出行带来了非常大的便利，首先让人感受到的就是背后的那个超强大脑——12306 提供的方便，一机在手，可走遍全国，查询、购票、选座、改签、退票，甚至用餐、到站接送、酒店服务等功能，全方位全天候甚至全过程服务旅客出行。

"这个 12306，我用的频率非常高。"季利平拿出手机，熟练地打开 12306APP。

自从有了铁路 12306，他就下载使用，一直到现在。

以前，公司领导出差的飞机票和火车票，一般都是通过办公室统一订购。有时候因为突发事情不能按计划走，需要随时调整变更。可秘书有时候不确定几点走合适，有时候还会搞错。一听说铁路出了个 12306 软件，季利平自己便用手机直接下载了这个软件。他说："有了 12306，我随时可以查看车次和票源情况，免去了很多来回沟通的麻烦，我可以随时选车次，随便选时间，随时能出发。"

有一次，季利平陪同集团领导要去南通，第二天要参加有关南通地铁项目的一个与地方政府领导对接的高端会。当时他们在首都机场已经安检完，就等着登机了。突然接到通知由于天气原因航班取消，想改别的航班也没了。怎么办？季利平说，这时，我马上用手机上 12306，一看还有几张到南京的高铁票，时间紧迫，我们一边往北京南站赶，一边分头用手机购买，最终如愿坐上了当天晚上的高铁，到南京后再转乘汽车去南通。虽说那天晚上半夜才到，但是第二天的事情没耽误。如果没有高铁，不能准时参会，不仅耽误了事情而且会给企业造成不良影响。

改签这种情况也不少。随时都可以改签，退票也方便。

有 12306 在手，季利平南来北往，辗转各地，随时随地运用，巧妙实施高铁和飞机联运，大大节约了时间成本，提高了工作效率。

前几天，他正在江苏江阴参加中国企业联合会办的一个企业家年会，突然接到国资委有一个调研组次日要到公司来的消息，参加完年会，去沈阳的飞机和高铁票都没有了。为了赶回去，他坐一个小时的汽车赶到无锡，再从无锡飞回沈阳。次日跟调研组的同志如期见面，汇报企业情况。

按原来计划，第二天中午他还要赶到泰安，因为跟泰安市一个区政府领导约好了见面，洽谈一个铁路物流项目。为此，他当晚又匆匆从沈阳坐飞机到北京，第二天早上再从北京坐第一班高铁赶到泰安，如期见面会谈，没有爽约。

季利平自豪地说：“这一大圈下来，什么事情都没耽误，都是我自己通过手机 12306 完成的，因为别人替代不了我。别人不知道我的行程变化，我还要跟他说半天。我用 12306 就不用费那么多口舌了，多方便。”当然，如果没有高铁的衔接，那肯定赶不上。

车上就把合同签了

坐高铁已然成为人们的一种享受，由于高铁采用的是百米无缝长轨，车上没有了原来那种咯噔咯噔的声音，安静、平顺、舒适，旅客可以看书读报听音乐，或者上网聊天追剧，不仅享受了高铁的快捷，还可以将“高铁+”的优势发挥到极致。

季利平说：“坐高铁能接打电话发信息，不耽误事，坐飞机可不行。”

这一点对企业老总的确非常关键。因为每处每地、每时每刻有很多工作要沟通处理，特别是还有些着急的事情，有时是机不可失时不再来。坐飞机要关手机，短的一个小时，长的两三个小时。在这期间一旦关机天上飞着，再着急的事也无可奈何，会耽误很多工作。但是，高铁上不受影响，如今高铁有 Wi-Fi，网络就更没问题了。季利平非常骄傲地说：“高铁对我们生活、工作带来的好处，都是很有实际价值意义的。”他称赞高铁犹如一间流动的办公室，随时可以处理公务，开电话视频会，审批合同，不会因为人在旅途贻误商机，耽误工作。

季利平不光是高铁成果的共享者，还是一名高铁建设的参与者。

他们主要参与高铁建设的物资供应，一方面为保证工期，提高服务水平，保证物资及时送达项目施工点。假如物资供应不上，整个项目就会停工，势必影响工期，所以他们公司上下对高铁建设非常重视，全力投入，确保现场物资供应按时到位；另一方面为保证质量，实行源头采购，严格把控产品质量关；在运输过程中，不让这些物资受损，选定合格的供应商和运输企业来配送。

随着高铁的发展，东北公司的业务前景如何？作为企业“一把手”，季利平说：“我们主营铁路这一块，铁路占公司整个营业收入的百分之七八十左右。所以铁路建设的规模越大、里程越长，我们参与建设的机会就越多。伴着铁路的延伸，我们的业务覆盖面也更宽更广，对于企业走出去会带来积极的影响。”

如今高铁上都有 Wi-Fi，季利平利用手机 OA 办公系统可以随时批阅文件、审批合同等。

他指着手机上的显示页面说：“这是我们采购中心关于京张高铁项目需要增加水泥吨数的合同，这是审批记录。我们层层审批，业务、财务、法律，审完通过后才到我这儿。我审批通过，他们就可以执行合同采购了。”

在采访中，季利平现场就审签了两个合同，其中一个是刚发过来的给京沈高铁供应钢材的合同，通过之后，公司业务就可以往下执行了。这相当于“立等可取”，效率极高。企业管理都很规范，所有的合同都必须法人审批。

东北公司业务量大，一年近 50 个亿的规模量，有上千份合同。季利平一年几乎有一半时间在外面跑，而公司的上千份合同，百分之三四十是他在高铁上完成签批处理的。飞机上两个小时手机关机失联，一旦遇到着急的事，等到飞机落地再联系，可能黄花菜都凉了。有了高铁，通过 OA 系统实现移动办公无缝连接，全天候，无盲区，什么问题都解决了，100% 的事情能够完成。

改革开放已经 40 多年了，我们这一代人全程经历，感受很深。在这个过程当中铁路变化更加大，我国的设计施工、铁路装备、通信信号等技术研发能力，突飞猛进，国际上领先，服务水平也提高不少。以前火车站人满为患，尤其到了一些二三线城市，环境设施、卫生条件差。现在与过去有了天壤之别，建设运营里程长了，速度快了，车体车厢舒适漂亮了，包括站房、候车室的条件都改善了许多。火车站建得气派，许多融合了东方建筑艺术，成为了当地的新地标。正是铁路的发展改变

复兴号动车组列车驶过永定门 / 邢广利 摄

了我们的生活与工作方式，我们的获得感幸福感越来越多。

季利平希望高铁网织得更密一些，铁路在软硬件环境上再升级。他说:“原来我们也是铁路系统的，属于一家人，如今我依然奋战在铁路施工战线，怀有很深的铁路情结。希望加强铁路文化的宣传推广，让老百姓更真切感受到铁路建设给社会生活带来的巨大变化，吸引更多的人愿意坐高铁出行。这样，铁路建设发展会拥有更大的后劲。同时，铁路要走出去，让世界更多了解中国，了解中国的高铁。”

季利平 2018 年获评全国优秀企业家，他对事业仍然充满激情，对未来充满期待。

别样的村上生活

都说世界是个地球村，在很大程度上就是因为交通的便利，把地球变小了。高铁拉近了距离，缩短了时间，也改变了我们的生活方式。

采访对象

魏永旺，中国科学院沈阳自动化研究所副研究员。

扫一扫，观看采访魏永旺视频

如果要在每年数十亿计的铁路旅客中划分一群“铁粉”，中国科学院沈阳自动化研究所副研究员魏永旺想必不会落选。最近十来年，每年他坐火车攒下的车票都有五六厘米厚，相当于一支香烟的高度。

铁路变化真大

魏永旺老家在河北省唐山市，这里曾诞生了中国历史上第一条自建标准轨运货铁路——唐胥铁路。2002 年大学本科毕业后，他到吉林省吉林市一所大学当老师，然后在当地成家立室。2008 年，魏永旺考上中国科学院沈阳自动化研究所研究生，毕业后直接留在所里从事电子线路设计工作。

唐山、沈阳、吉林，三点一线，常年在三个城市间来回奔跑，坐火车成了魏永旺的家常便饭。

魏永旺的父母住在老家唐山，母亲患有脑血栓，行动不便，出门需要借助轮椅。作为儿子，虽然远在东北工作，但魏永旺也时常返回唐山看望父母。

"在 2012 年底哈大高铁开通运营前，那时候还是绿皮车、红皮车，从吉林到唐山在不晚点的情况下也需要十四五个小时。坐的时间长了，腰也难受。"魏永旺回忆道。"卧铺上的被褥用的人多，偶尔还能闻出点味道，不是特别好。"魏永旺直言不讳。

2008 年，魏永旺考上研究生，基础课在安徽省合肥市的中国科技大学上。那时，吉林到合肥还没有直通火车，需要先坐 K78 次列车到蚌埠，然后再转车到合肥。单是吉林到蚌埠就将近 2000 公里，火车全程近二十七八个小时。

魏永旺说，从吉林乘这趟车到蚌埠已经是晚上九点多了，舟车劳顿，再继续转车赶往合肥身体有些吃不消，只能在蚌埠住一个晚上，第二天再坐车去合肥。算下来，魏永旺每一次的求学路足足长达 3 天。"如果那时候吉林有高铁直通合肥就好，我上学就轻松多了。"魏永旺感叹。

其实，魏永旺考上研究生那一年可以说是中国高铁元年。

2008 年 8 月 8 日，举世瞩目的第 29 届夏季奥林匹克运动会开幕式在北京举行。就在开幕式举行前的 8 月 1 日，京津城际铁路开通运营。这是我国第一条高标准、设计时速为 350 公里的高速铁路。自此，中国铁路翻开了新的篇章，正式进入"高铁时代"。

十年发展，十年跨越。中国高铁营业里程已经超过 3.5 万公里，稳居世界第一，实现了从追赶到领跑的跨越，复兴号奔驰在祖国广袤的大地上。

"这几年我感觉铁路变化很大，以前常说特快列车，现在高铁都四通八达了，列车运行最高时速达300多公里，便利性和舒适度大大提高。”魏永旺说。如今，从吉林坐高铁动车回唐山只需五六个小时，时间比以前缩短一半以上。

有一次，魏永旺的妻子因急性流感，发高烧达39.2℃。那时妻子正在吉林，而他在沈阳。获悉妻子患病的消息后，魏永旺心急如焚。他一边赶往火车站，一边通过手机把回吉林的高铁票买了。2个多小时后，他就出现在妻子面前。

“现在都说地球村，实际上地球村体现在哪儿，就是因为交通便利，才把距离给拉近了。”对中国铁路的快速发展，魏永旺有着刻骨铭心的体会，也是最直接的受益者。

享受常旅客会员服务

“手机购票实在是太好了。”魏永旺不止一次尝到了甜头。因为工作关系，魏永旺经常要到北京出差，有时十分紧急，手机购票让他足不出户就能把票买了，而沈阳至北京间每天近30对高铁动车来回驰骋，也让他出行有了更多选择。不过，有时候魏永旺也会遇到买不到票的情况，特别是非始发的过路车。

他有过这样的经历，始发北京终到吉林的车，网上查询如果是从起点坐到终点，则显示有票，而中途从沈阳上车去往吉林，却没有票。魏永旺曾就此现象咨询过相关部门，对方给出的解释是这些车在沿途车站的票额分配不同。他对此表示理解。不过，他认为现在是信息时代，可以根据大数据分析动态调节各站票额分配，这样可以更好地满足老百姓出行需要。

长年累月跟铁路打交道，魏永旺对铁路运输服务的变化比较敏感。2017 年 12 月 20 日，铁路部门试行推出“铁路畅行”常旅客会员服务，进一步优化铁路客运服务有效供给，为广大旅客乘坐火车出行提供多样化、个性化的普惠服务。魏永旺很快就注册了会员。他说：“从铁路部门发布可以申请常旅客消息，到我真正去认证注册，没有超过十天。”

根据 12306 中国铁路官方网站公布的信息，铁路常旅客会员乘车积分为票面价格的五倍。也就是说，买一张 100 元的车票，可以积 500 分，每 100 积分相当于 1 元。会员积分账户首次超过 1 万分时，就可以兑换车票，积分自进入账户当日起连续 12 个月有效。

成为铁路常旅客会员不到两年，魏永旺已经通过积分换了 3 张票。首张兑换的车票是 2018 年 4 月 6 日，他换了一张吉林到长春的车票，票价 31.5 元，扣了积分 3150 分。4 月 15 日、5 月 13 日，他用积分接连又换了 2 张票。由此可见他坐火车之多、积分之高。

复兴号动车组列车穿行于山水和油菜花田 / 伍光钦 摄

说话间，他打开随身带的小包，拿出兑换的车票给大家看。他认为，对常旅客实行积分兑换票，是铁路运输服务的提升。为此，他还向身边同事和朋友大力宣传，“铁路终于可以像航空一样有常旅客会员服务了”。

当然，新生事物必然有个发展完善过程，不可能一出来就尽善尽美。魏永旺认为这一服务还有可以改进的地方，像兑换票改签就有点让他头疼。他说，用积分兑换的车票不能在网上办理改签，只能到车站售票窗口办理，而且一般售票员无法操作，只能由具有特殊权限的工作人员办理。此外，兑换票改签后可选择的空间比较小，还要消耗积分。“比如说我花 1000 积分兑换了一张票，再改的时候还要再花 1000 分。”魏永旺说。

横向比较民航部门，打折的特价机票同样很难办理改签。对此，魏永旺也表示理解，但希望铁路部门在这方面先行突破。

祝愿中国高铁蓬勃发展

像很多理工男一样，辩证理性地看待问题，在魏永旺身上展现无遗。

中国高铁的快速发展为魏永旺带来了实实在在的便利。而高铁的收费标准，也让他有些微词。比如：沈阳至吉林的高铁，“G”字头的车票价是 174 元，列车运行时间是 2 小时 16 分，而“D”字头的车票价却是 127.5 元，列车运行时间为 2 小时 40 分钟。两种车，时间相差 24 分钟，而车票却相差近 50 元。

“其实对于旅客来讲，我不在意说你最高时速能运行到 350 公里还是 250 公里，我更在意的是从起点到终点用的时间。”魏永旺说。他觉得，时间差距不是很大，就没必要多花几十块钱。

魏永旺喜欢拿民航与铁路比较。一些机票打完折后，可能比高铁还便宜。如北京至深圳的机票，淡季时一般在1000元左右，跟高铁相差无几，但是飞机会节约一半以上的时间。不过高铁也有自己的优势，如果坐夜间高铁动卧，则可以省一晚上住宿费。这么算下来，跟飞机基本也扯平了。

“虽然高铁动车舒适度有提高，但是坐火车超过3个小时就会觉得累。如果坐六七个小时，不管是啥车，都已经是极限了。”魏永旺说。以前坐普速火车，旅客面对面坐，还可以聊天，车上氛围比较活跃。现在坐高铁，大家基本很少交流，长时间坐车，会让人觉得“难熬”。

“1000公里以内的行程，一般会选择高铁，再远优势就不大了。”魏永旺由此得出结论。不过他认为中国人口密度大、幅员辽阔，还需大力发展铁路交通，为经济社会发展添活力。

自高铁成网运营，出行更便捷后，魏永旺跟家人外出到丹东、大连等地的旅游明显增多了。“高铁带动旅游，旅游再反过来刺激高铁发展。”他说，随着交通条件的改善，经济社会活跃程度如今大大提高。

作为铁路的“铁杆粉丝”，魏永旺对铁路发展的点点滴滴都看在眼里。“现在不管是车站服务还是车上服务，都比以前好很多。”魏永旺说。如今坐车还可以网络订餐，旅客可根据自己的口味进行选择。未来，他希望铁路部门可以在饭菜质量、口味和价格上再调整优化，使之更加亲民。

魏永旺对铁路服务还有两点期待，一是进一步推广中铁银通卡，像他这种经常坐火车的人，临时紧急出差不用再为车票发愁，直接上车就可以走。二是坐车时他遇到过车上一些旅客突发疾病，铁路部门能否在车上配备专职医生，一旦旅客出现身体不适，可以及时提供专业有效的救护。

临别，魏永旺祝愿中国铁路更快捷、更安全、更好，成为广大老百姓的出行首选。

旅途遇上有缘人

高铁列车营造的是文明和谐的环境，像霸座、扒门之类不文明行为有的是道德问题，有的已经触犯了行业法规条例，应该受到处罚，但这种人是极少数，广大旅客之间都充满友善和互助。

采访对象

苗全军，北京大成律师事务所律师。

扫一扫，观看采访苗全军视频

提起高铁，苗全军又情不自禁地想起那次海南之行。

事情都过去三年多了，这位北京大成律师事务所的大律师仍记忆犹新。2016 年 6 月 16 日 9 点，他从三亚站乘坐 D7312 次列车去美兰站，打算乘坐 16 点 45 分的飞机返回北京。

可到达美兰站出站验票时，他突然发现自己的手包落在列车座位上，可车已经开走了。包里有一万两千多元的现金，更关键的是还有数张银行卡、一部苹果手机和身份证等所有证件。如果全丢了就太麻烦了。他当时站在那里都蒙圈了，心急如焚！

出站口的工作人员一边安慰他，一边与车站值班员联系，随即赶来的值班员刘加亮非常热情，把他请到值班室，耐心询问情况后，当即打电话给 D7312 次列车车长辛兵，请车站帮助寻找遗失物品。得知小包找到后，刘加亮值班员又与多方沟通协调，让他乘坐最近的一趟车赶往海口东站去领取遗失物品。

苗律师说，“我到海口东站后向补票处说明了情况，一位不愿透露姓名的值班大姐又热情地帮我联系相关人员，不久东站值班员于阳洋气喘吁吁地赶到，按照程序及时和我办完了交接，最终完璧归赵，虚惊一场！之后，在那位大姐的安排下，我乘坐最近一趟列车又赶回美兰站。”

至此，从发现物品丢失，到从海口东站取回物品，仅仅一个半小时，非常高效！

海南不仅风景优美，高铁人更美！苗全军对铁路人满怀感恩，“在这里，我作为一名旅客深感温暖，衷心感谢一路有那么多知名不知名、见面未见面的铁路好心人帮助。”

“当时可把我急坏了，得知小包找到后，我说现金不要了，全给你们做奖励了。可人家啥都不要，铁路人真让我感动。服务很到位，后来才知道那个值班员还是我们临沂老乡，这也是和高铁人有缘分。”

他说，“这件事情对我的触动很大，如果包丢了对我影响就太大了。通过这件事，也让我感觉高铁人的日常管理很到位，这些人的自身素质很高，自律能力也很强。其实小包别人一拿就拿走了，车上那么多人，监控都不一定有，丢了也就丢了。”

这位山东汉子的言语中都透着真诚和感激。

苗律师老家是山东临沂，1996 年高中毕业考入黑龙江大学学法律，2000 年毕业以后在哈尔滨工作，2001 年就做律师了，之后边工作边学习。2006 年考入吉林大学读硕士。他说，那个时候是开汽车上学，200 公里，冬天得开 3 个小时，挺麻烦，也很辛苦的。现在高铁很方便了，哈尔滨到长春只要一个多小时。如果能重新来一遍，肯定坐高铁。

他讲起了自己的一次飞行经历。

2016年初，在大理旅游一周，玩得很好。回京时坐飞机，没想到遇到山地大气流，估计在六七千米高空，飞机失速。就是一下子下来的感觉，好几次失速，飞机始终颠簸，“我坐了这么多年飞机，从来没遇到那种情况。当时机上尖叫四起，哭声一片，估计那次航班有三分之一的人都不再坐飞机了，吓得我相当长一段时间不敢坐飞机。”

苗律师之前坐飞机只不过看看时间、天气，选择航空公司和机型，在那次经历以后，尽量不坐飞机，除非出国没办法才坐。

自从有了高铁，他几乎就没坐过普铁。他认为，普铁从速度、硬件、软件和高铁比差不少。他也深切体会到，高铁比汽车和飞机更舒适，更准点，更安全。

高铁是他出行的首选。

高铁上聊出的朋友

苗律师接的案子很多，京内京外的，甚至涉及世界各地。

从大理回来半年了，他心里还有阴影。2016年夏天，有个案子需要去香港。要是以前，他肯定坐飞机，但这次没有，他选择了高铁，从北京西站坐G79，坐了8个半小时到深圳。“我记得太清楚了，那之前坐高铁从来没坐过这么久的。”

苗全军坐商务座，旁边挨着的旅客跟他的岁数差不多，一路上各忙各的，没有说话。下午两点多钟，终于到武汉了。苗律师说：“他看我武汉也不下车，就主动跟我聊天了，他说老兄，你坐了4个多小时，你不在武汉下？我说我到终点深圳下。他说他也要去深圳。我说你坐的商务座还挺贵，比飞机票贵多了，你为什么坐高铁？他说你为什么？我就把年初坐飞机发生失速强烈颠簸的事说了，当时感觉小命都要没了，之后就再也不坐飞机了。他说他也遇到类似的经历，有次去德国，中途遇到强烈颠簸，受不了，所以一般也不坐飞机了。”

他们不仅都到深圳，而且都要去香港。他们越聊越投机：“他问我有什么爱好？我说我的爱好太多了，打高尔夫球、下棋、游泳、爬山，爱好很广泛。他说你喜欢下四国军棋吗？我说喜欢啊。”于是，他们两个把电脑拿出来就开始玩四国军棋。玩着玩着 4 个多小时很快就过去了。

“挺有意思的吧。在高铁上，我们这个岁数的很少愿意闲聊，都想自己安静一会儿。没想到，我们这一聊，聊出了共同爱好、共同经历和共同事业。”苗全军说：“现在，我们经常约着打高尔夫球，不仅是好球友，而且是好朋友，还是合作伙伴。我在北京做律师，他在北京开公司，他公司的大部分法务都是我来做，有的业务我做不了的，就会帮着找我们单位的同事合作。”

苗律师感叹，真是碰到有缘人啦。

意外得来的商务座

有的人不理解，为什么要坐商务座，商务座那么贵。苗全军说，偶尔出差无所谓，坐个一等座可以、二等座也没问题，都比坐飞机舒服。可我们频繁出差，歇不过来。高铁上的商务座能躺着睡觉，再者我们想找一个比较安静的环境，有的时候要考虑事情，处理一些文件。在二等座有时乱糟糟的，大人小孩老人一吵吵，静不下心来，坐商务座不仅便于休息，而且便于思考。

有的时候出差不愿在当地住宿，当天往回赶，晚上到北京可能都11点多了，如果不坐商务座那就会很累，这样相当于把省下来的住宿费买了高铁商务座，路上可以躺着休息。但是，商务座也不是随时都能买到的。

2017年有一天，他从上海出差，早上8点半到，9点开庭，本来11点能下班，考虑是外地的律师，就一直开到下午1点才结束。苗律师午饭都没吃，直接到上海虹桥高铁站，结果商务座还是没了，只买到一等座。苗全军上车后本想安安静静眯一会儿，可邻座的一位漂亮女孩子刚坐下就跟他聊。而苗律师因为上午刚开完庭，头昏脑胀的，没有那么多心思聊天，一上午4个多小时一直说话，现在不愿意多说话，就直截了当地问道："姑娘你是不是有什么事？"这一问，姑娘不再铺垫了，终于说出了目的"能不能跟他换个座"。

苗全军说："你要怎么换？咱们俩不是挨着吗？你想怎么换？你靠窗，我坐过道，我说可以啊，没问题。她说不是，希望我去别的车厢。我寻思上别的车厢，给我换个二等座不是更惨了？我说你看我这个脸色确实很疲惫，我本来想买商务座的，结果没买着，就买了一等座。二等座休息不好，躺着也不舒服，到北京还得5个小时，我可能有点吃不消，明天早上还要开庭。当然，我心里是这么想的，但说了半截就没说了。""大哥，跟你换个商务座，你去吗？"苗全军一听这话当时又奇怪了，心里琢磨，"这不是骗子吧？为什么说咱俩坐的位置，你跟我换商务座，你怎么换法？再说这个换法很奇怪，为什么跟我换商务座呢？"苗全军急需答案："姑娘，我们山东人很直接，你想干什么？什么原因，你说出来。"那个女孩子是南方人，绕来绕去的，看着他表情比较严肃，未必那么好说话，就开始很迂回地表达。

原来事情是这样，她和男朋友都想买商务座，但没买着，只有一个商务座，另一个买的一等座。她觉得两个人路上 5 个小时不聊天有点别扭，所以想换票，让她男朋友过来。苗全军说："这个行，我把差价给你，你可以让你男朋友来。我们换。后来给他补差价他也不要。"

这次坐上商务座，是个意外之喜，应该感谢那位姑娘和她的男朋友。

如今手机买票太方便了

说起 1996 年从临沂去哈尔滨的情景，苗律师说，"那时候老惨了。"

那时候相当麻烦，飞机肯定是不通，通了也坐不起，火车得到徐州去坐。

苗全军说："之前都没见过火车。上大学是第一次坐火车，从徐州往哈尔滨只有一趟绿皮车，坐 20 多个小时，人多，经常没有座位，只能站着，速度慢，而且站站停。"

苗律师的夫人是哈尔滨人，那边有不少亲属，现在他们还经常回去。他说："我也是老跑通勤。有一段时间是坐晚上直达的，但是一宿还是太慢。动车最快也得 7 个多小时。"当时他很期待京沈高铁早点通，可以直接从北京坐高铁去哈尔滨，路上只要四五个小时，这样的话对东北的经济将有很大的促进作用。

苗律师感叹，从 1996 年到现在 20 多年的时间，铁路真的是高速发展，带来了巨大变化。

就拿买票来说吧，现在到车站窗口买票的人很少了，都是网络订票、手机购票，方式多种多样，非常方便。以前，他每次回东北票都非常难买，特别是过节的时候，简直不可思议，半夜去窗口排队都买不上票。现在很方便，尤其是用手机买票，随时随地任你选。

“到现在为止，我做的最愧疚的一件事情就是没亲自给我父母订火车票。”他说，“我之前都是由秘书订，我自己也不愿意管这事情。有一次，我让父母来北京，请我一朋友把他们送到高铁站后才买票，上午 10 点到车站，因为枣庄是小站，好多车都不停，只买到下午 4 点的票，两位 70 多岁的老人，在车站等了 6 个多小时。你说老人家得多难受啊？”

从那件事以后，苗全军立马自己下载一个 APP，再不用别人订票了，来之前就把票订好，到站直接上车就可以。他说，“之前真的用不着我去订票。打那以后，我都是自己订票，有没有票，商务座、一等座的余票，一目了然，自己随意选。毕竟秘书还是做不了我的主，她要问我时间地点，问我坐什么车次、席别，问这问那问的很麻烦，还不如自己直接来，她十分钟可能搞不定，自己一分钟就能搞定了，手机购票服务确实越来越人性化了。”

苗律师经常去欧美，比较起来，他认为欧美的高铁，车体比咱们落后多了，速度肯定是差的，硬件也差，服务就更差了，都没有人坐。虽然有安全意识，但国外安检和服务都跟不上，跟咱们没有可比性。他说，“好像是 2015 年，我们从法国到荷兰坐所谓的高铁，他们不像咱们有安检，我们坐的车刚到站，随后就报道出来后面那趟车上发生了枪击事件。”

安全是第一位的。安检是必须的，安检越严格，各方面越安心，老百姓越有安全感。可以说，对安全的保证是最大的方便和最好的服务。他说，我们的高铁安全，服务也好，所以越来越受老百姓的欢迎，不愧是中国的一张亮丽名片。

高铁应是文明的空间

前两年，网络上披露了一些高铁上霸座甚至在站台上扒着高铁列车不让开的事件，作为律师，苗全军从职业角度，怎么看待这种现象呢？

“我个人认为这只是一个点，是个别人的不良习惯或者个人品质问题，让民众不能够容忍，已经引起共愤了，你有你自己的座位不坐，而去霸占别人的，还胡搅蛮缠，强词夺理，觉得自己很有道理，有的甚至公然挑衅。”他说，“在这种情况下不仅是道德问题，而且触犯了铁路的相关规定。对于这种害群之马，还是有必要进行处理的，不能因为这一小部分人影响整个高铁的良好氛围。”

现在大家喜欢坐高铁，其实还因为这是一个越来越文明的环境。大家坐在里面很和谐，很舒服。在这种良好环境中出现霸座、吵架、打架这样不和谐的声音，以及脱鞋、高声打电话等只顾自己舒服的不良习惯，确实需要抵制。

如今公众对不良行为已经不能容忍了，不像过去，得过且过，和自己没关系的就不管了。现在，即使和自己没关系，只要对方挑战了社会的底线，挑战了公序良俗，人们就会抗议就会呐喊。

苗全军说，“我坐这么多年的高铁，整体上还是很好的，感动的事情也很多。媒体方面在对这种不良现象进行披露、谴责、报道的同时，也要对正能量的事件加以报道和引导。”

他觉得对那几个霸座的处罚特别好。他们的行为是有点反社会伦理的，法律上倒不至于对他有多重的制裁，但是道德上是不能接受的，而且有些人的态度非常骄横。不过他也从中看出公众对服务的要求更高了。

谈到高铁上禁烟，苗全军举双手赞成。

当年，苗全军在哈尔滨工作的时候，是哈尔滨市人大常委会立法专

动车组列车飞驰在春天的汉中大地上 / 唐振江 摄

家库的专家之一，那时他就坚决拥护支持立法禁止在公众场所吸烟。事实上，哈尔滨的禁烟条例比北京出台还早，在全国是走在前面的。他说，“当时大家讨论办公区，后来认为公众场所的密闭空间都不该抽烟，包括厕所里都不能抽，因为有的人不喜欢那个味。所以烟的问题不单单是安全问题，我认为还是一个素质问题。你自己抽烟可以，但别影响其他人。”

很多人不理解，抽烟有什么问题？为什么高铁上都不让抽烟？道理其实很简单，因为抽烟会触发烟雾报警，整个列车就会自动停车。禁烟是从旅客安全和行车安全考虑的。据了解，烟头点着时好像是600多度高温，很多东西都能烧起来，容易引发火灾。一旦起火，高铁的速度那么快，再停可能就很麻烦，得疏散。

苗全军说，有的时候可能不光是安全问题，还有一个道德素质问题。你行使你的权利会影响到其他人，我深有体会，我是不抽烟的。比如咱们两个聊天，你要抽烟，一旦我的嗓子进烟，就呛得我说不出话来。包括你从我身边一过，那烟味我都受不了，有的人在电梯里抽完了以后，烟味在电梯里很长时间散发不出去，我相当反感，烟民们不知道不抽烟的人是什么体会。

实际上很多人不了解孩子对烟更敏感，只不过孩子没意识，说不出来，有的大人抱着孩子抽烟，对孩子的影响是很大的。

实际上，有的人不够自觉，有必要通过强制的手段适当约束一下，但最终还是要靠自觉的。根据《铁路安全管理条例》，高铁上吸烟处以500元至2000元的罚款，一开始大家也都是客气两句，认个错就不罚了。后来诚信制度出台，罚款同时会被拉入诚信黑名单，这两个加起来效果就好多了。现在都接受了，很多烟民车一到站就赶紧下车上站台抽烟。

苗律师说，任何一个事物的发展，不可能一开始就很完美，只有经过好多年，好多事件不断地冲击也好，自我完善也好，慢慢地走向成熟，老百姓才能更满意。

高铁是一个服务行业，是为旅客提供服务的，除了运输这种最直接的服务，还有附带的服务，包括高铁站范围之内的服务都是归高铁系统管辖的。既然铁路提供这种服务，铁路就有管理的义务，铁路本身就承担那一片的公共事务管理。

他期待中国高铁更贴民心，更贴群众，成为中国更加亮丽的一道风景线。

文化人的读书空间

坐高铁是一件很有趣的事情，可以品茶，可以看书。这些平时在办公室里不太可能有时间享受到的乐趣，在高铁旅途中都能如愿以偿。

采访对象

宋耕田，河南天一文化传播股份有限公司董事、副总经理。

扫一扫，观看采访宋耕田视频

宋耕田大学学的是中文专业，现在干的是图书出版、教辅培训咨询工作，偶尔还来几句诗词之类的，算是个文化人。

回忆起每次去苏州上学的旅途，脸上多少流露出些许苦涩，他说："当时都是坐着绿皮车去，那时候人多，车上根本就没空座位，全满的，人挤人，买张无座票上去后，一个一个旅客问到哪下车，直到找到一个最近一站要下的后，就一直站在旁边守着，连厕所都不敢去，生怕自己一走，位子就让别人给占了。如今真是大不一样啦！"

这么有趣，何乐而不为

2018 年 10 月 31 日，我们终于在北京见面。说到高铁时代，他的脸上充满喜悦，而且非常自豪。"我喜欢坐高铁，我对高铁的印象概括可以为三个词：方便，舒适，有趣。"

宋耕田观察的角度果然独特——有趣。

为什么有趣呢？

"像我们中文系毕业的，总喜欢看看小说，读读畅销书。可平时在办公室难以如愿。”作为公司分管营销的副总，他说，“在办公室基本上是管理时间，80% 的时间自己控制不了，比如董事长叫去商量事、政府部门来检查、有突发事件都得处理；还有就是下属来汇报工作，你不能不听吧。可能只有 20% 的时间你能支配，这个 20% 也是零散的时间，我不大可能拿一本《时间简史》《南渡北归》之类的畅销书，坐在办公室里静静地看。那样弄不好就耽误事了。”

后来，他发现坐高铁是一个读书的好机会，正好在高铁上可以利用连贯的一两个小时踏实读书。

比如，郑州到北京高铁三小时左右，上车安顿好之后，至少可以有两个小时的看书时间。郑州到上海现在高铁旅途要四五个小时，有三个多小时可以看书。

他经常来北京出差，很多旅客在高铁上可能会玩手机、看视频或者

睡觉。而宋耕田觉得这时看书有意思，十分珍惜这宝贵的读书机会。

宋耕田滔滔不绝地讲着《南渡北归》三部曲全景描绘了抗日战争时期流亡西南的知识分子与民族精英多样的命运和学术追求。这是首部全景再现中国最后一批大师群体命运剧烈变迁的史诗巨著。所谓“南渡北归”，即作品中的大批知识分子冒着抗战的炮火由中原迁往西南之地，尔后再回归中原的故事。整部作品的时间跨度近一个世纪，所涉人物囊括了二十世纪人文科学领域的大部分大师级人物，如蔡元培、王国维、梁启超、梅贻琦、陈寅恪、傅斯年等。作品对这些知识分子群体命运作了细致的探查与披露，对各种因缘际会和埋藏于历史深处的人事纠葛、爱恨情仇进行了有理有据的释解，读来令人心胸豁然开朗的同时，又不胜唏嘘，扼腕浩叹。

在出差的高铁上，宋耕田不仅读完了南渡、北归、离别三部曲，还

读完了由尤瓦尔·赫拉利创作的科技理论类著作《未来简史》。该书讲述了以大数据、人工智能为代表的科学技术发展的日益成熟，人类将面临着进化到智人以来最大的一次改变，绝大部分人将沦为“无价值的群体”，只有少部分人能进化成特质发生改变的“神人”。未来，人类将面临着三大问题：生物本身就是算法，生命是不断处理数据的过程；意识与智能的分离；拥有大数据积累的外部环境将比我们自己更了解自己。如何看待这三大问题以及如何采取应对措施，将直接影响着人类未来的发展。

宋耕田看的书很杂，还看了林语堂著的《国学拾遗》。书中说，古人想要美德显明天下，首先要治理好国家；想要治理好自己国家的人，首先要整治好自己的家庭；想要整治好自己家庭的人，首先要努力提高自身的道德修养；想要提高自己的道德修养，首先要使自己的心正；想使自己的心正，首先自己要诚实；要想做个诚实的人，首先要获得真正的知识；而获得知识的方法就是穷究事物的原理。

宋耕田甚至连《万万没想到》也看过了，这本书算是万维钢的成名作，很新，思想公认很前卫。这本书内容很杂，但只用了“反常识思维”成功学的解药“霍金的答案”三章，对人性、目标、方法三个问题加以阐释，串起了当代“明白人”对复杂世界应该有的全新认知。

看经典，看原著，看史书，看网络作家的作品，宋耕田脸上充满了惬意，他说：“在高铁上看书，是一件很有趣的事情吧，还一件有趣的事情就是喝茶。”

原来的绿皮车好几个车厢才一个茶炉，加上人挤人，站都站不稳，哪能奢望喝上茶呢。

如今在高铁上，茶炉多，水温够，沏茶方便。宋耕田基本不喝凉水，只喝热茶，尤其喜欢喝绿茶。他说：“河南产一种茶叫信阳毛尖，是绿茶。

泡绿茶的最佳水温是75度到85度之间，这样茶泡出来是最好的，不能用100度的水。高铁上的开水，一般在90度左右，稍稍放点水，就达到沏绿茶的最佳水温了。”

于是，宋耕田说每次坐高铁都拿个茶杯放点绿茶，上车后一泡，那感觉美不胜收。有人从养生角度来讲，不光是可以防止出差上火，还因为绿茶中富含茶多酚，是抗癌的好东西，常喝有益身体健康。一路上，三四个小时，泡三四杯茶，喝完正好到站下车。

既能读书养精神，又能喝茶养身体，这样两全其美的场所真不容易找，那就多来坐高铁吧，这么有趣，何乐而不为。

享受同城的便捷

说到方便，大家都有很深的体会。比如买票，原来都要到火车站窗口买，经常排大长队等候很久，好不容易轮到自己结果票没了。宋耕田说：“有高铁以后，我这几年从来没有为买票烦恼过，不仅车多票多，而且用手机可以随时随地买票，可以说走就走。”

有一次，一位大学毕业后多年不见的同学到北京出差，宋耕田当天下午从同学微信群里得知后，立马买张三点多的高铁票前往北京，晚上六点多在北京与老同学见上面。四载同窗，久别重逢，说不完的话，道不尽的情，大家边吃边聊，好不开心。“当晚我可以坐十点的高铁回郑州了，当然住一晚上也可以，第二天一早坐高铁回，也不影响上班。”宋耕田说，“以前交通不方便，我不可能坐绿皮车专门去北京会同学吃顿饭。一是速度慢，时间不允许；二是买不到票，不一定有铺位。只有高铁时代才能实现这个心愿，感谢高铁促进我们个人事业的发展，还增进我们朋友之间的感情。”

记得，以前没有高铁，郑州来北京最受欢迎的是 K180 次列车，北京回郑州是 K179，是郑州铁路局的进京列车，也是这个局的明星车，服务水平高，设备条件好，晚上十点多上车，路上睡一觉，次日早上六点多到站，所以那时候这趟车的票非常紧俏。

现在这个地处中原的全国铁路网中枢，连接多条高铁，几乎半小时一趟。整点发车的列车到北京更快，只要两个半小时；其他时间三个小时多一点。也就是说，如果中午得知朋友有事，吃完饭下午两三点坐高铁，傍晚五六点到北京，晚上一起吃个饭，不想住的话，聚会结束当晚就可回家睡觉，十分方便。

不久前，他的宝贝女儿从国外学成归来，在北京一家知名律师事务所上班，估计以后高铁将给他们一家带来更多郑州、北京同城生活的享受了。

高铁带来高效率

“高铁开通后，对公司的发展有没有起到什么促进和帮助作用？”

对此，宋耕田的回答是肯定的，因为文化教育本身就是一种信息传达，与时效密切关联。他们其中一项业务就是提供考试服务的教辅图书。以往他们组织高中模拟高考只是面向河南省内，因为当时火车很麻烦，跨省的地方坐飞机成本又太高。现在借助便捷的高铁业务会扩张到附近的安徽、湖北，人员都能跟上。

宋耕田说：“业务就是要看投入产出比。”比方说，有些东西就像屠龙术一样，会屠龙术为什么不去成立公司杀龙呢，因为成本太高没有那么多龙可以杀，或者说有件东西可以买，但它成本太高。有了高铁以后它就便捷了，成本就降低了。他说：“最早我们公司财务规定，出差一般是不允许坐高铁的，主要考虑到高铁比绿皮车贵，后来发现坐绿皮车两天办一件事花了三百块钱，坐高铁 500 块钱一天办一件事，实际上坐高铁效率更高成本更低，于是就放开了。”

宋耕田搞销售多年，对销售有深刻的理解。他认为销售一定是讲概率的，拜访多少次成交多少次，拜访次数越多成交概率越大。而高铁增加了公司出差业务员办事和推销成功的效率。

目前他们公司的业务除了港澳台，基本覆盖中国大陆 31 个省区市，还有很多从日本、韩国、加拿大和欧洲等国家和地区引进版权的图书，合作范围遍布全球了。

作为一名旅客，对于中国高铁的未来发展，他直言不讳：“高铁就是一种生活工具，要讲求投入产出，以安全为根本，在确保安全的前提下，完善布局，适度发展，千万别搞大冒进，盲目追求速度，一定要走适合中国国情之路。”

异地同城的快活

住在武清、工作在北京，虽然年过半百，天天跑也没感到累，他脸上洋溢着自豪：“我上班比住在北京城区的同事到得还早。”

采访对象

杨树佳，北化凯明化工有限公司市场总监。

扫一扫，观看采访杨树佳视频

2008年8月8日，是一个令国人备感振奋和久久难忘的日子。这一天，第29届夏季奥运会在首都北京隆重开幕。

此前一周，还有一件事情惊艳世界，作为奥运会配套工程之一，我国首条设计时速350公里的高速铁路——京津城际铁路正式开通运营。截至2018年8月1日，京津城际铁路已经安全运营10周年，累计运送旅客2.5亿人次。

现在，京津城际铁路每天开行的列车数量达到100多对，高峰时段平均几分钟就有一趟列车上线。“大运量、高密度、公交化”的运输组织模式，为广大民众提供了快捷、安全、方便、舒适的美好体验。京、津两大城市间只需30多分钟，时空距离被大大压缩，深刻改变了沿线民众的工作和生活观念，越来越多的人在演绎“双城记”。

武清区是天津市下辖的市辖区，位于京、津两大直辖市的中心点，素有“京津走廊”“京津明珠”美誉，近些年又多了一个新称呼：“高铁拉来的新城”，加上高铁站对面的佛罗伦萨小镇的吸引力，2008年至2018年10年间，武清站共计发送旅客1218.5万人次，日均发送旅客数量由360多人次增加到1万余人次，经停列车也由8对增加到20多对，发展迅速。杨树佳是一家企业的市场总监，分管的两个部门年销售收入超过10亿元，已经年逾半百，2016年在武清站附近买了房，现在经常乘高铁列车到北京上班。杨树佳说，京津城际铁路已经成为他“双城”生活的重要桥梁和纽带。

与京津城际结缘

“草鞋是船爸爸是帆，奶奶的叮咛载满舱……夜来停泊青纱帐，天明遥遥山海关……”谈到自己早些年坐火车的经历，杨树佳情不自禁地哼唱起了张明敏那首老歌《爸爸的草鞋》。生于1966年的他笑称“年纪大了记性不好”，自己第一次坐火车好像是十几岁的时候，具体时间和场景真记不清了，但是对“天明遥遥山海关”这句歌词印象深刻。

杨树佳是军工企业子弟，跟随母亲一起生活，大专毕业后分配到老家辽宁辽阳的一家军工企业工作。1986年前后，他的母亲被调到河北的一个军工厂工作。“母亲和我这代人都经历了国家‘三线建设’，都是闻令而动，一切行动听指挥。母亲被调到保定之后，我接触火车的次数越来越多。”杨树佳说，他一般都是坐大连开往北京81/82次列车，这趟车晚上路过辽阳。

沈阳、锦州、葫芦岛……这些辽沈大地上的城市以及那些或大或小的车站，在杨树佳或深或浅的睡梦中匆匆掠过，一觉醒来，已是山海关。“冬天的七八点钟，天才刚刚亮，我喜欢趴在火车窗户上看‘天明遥遥’的山海关。”杨树佳陷入深深的回忆中，“进了山海关，离东北越来越远，离母亲越来越近。从山海关再跑八九个小时，绕道天津，火车才慢悠悠地到达北京。然后，我再从北京转车去保定。”杨树佳还记得母亲见到他时的喜悦情形，一晃，时间过去30多年，自己都已生了华发，老母亲更是佝偻了身体。

从辽阳到北京的火车，杨树佳坐了多次。直到现在，他满脑子还是人挤人的场景。“如果你一只脚抬起来，就落不下来了；如果两只脚都抬起来，就可能直接被人托在上面。车厢过道、连接处甚至座位底下都挤满了人，就像沙丁鱼罐头一般，大家动都动不了，呼吸声清晰入耳。”

杨树佳说，“那时候的人似乎特别能吃苦，一夜长途坐硬座都能睡得很香，如果买到卧铺票都会高兴好几天。当时的娱乐项目也少，要么百无聊赖地看看窗外风景，要么与五湖四海的同行者侃大山，因为这最廉价、不用花钱，有时打个扑克、听听录音机都称得上奢侈项目了。”

在杨树佳看来，20世纪八九十年代的绿皮车确实慢，大家都想方设法去排遣漫漫时光，车上的男男女女常常无所不聊，直到下车还聊兴未尽。杨树佳对那段时光也是心心念念，因为绿皮车承载着他与亲人的厚重感情。“现在，坐火车的年轻人把更多时间交给了手机，很难想象我们老一代人与绿皮车那剪不断理还乱的关联。”杨树佳说，他有时还会抽空去坐一趟慢火车，捡拾过往的故事碎片，保持对沿途风光的期待和到达目的地的渴望，再体验一把“上世纪慢”。

辽阳、天津、北京……新世纪以来，中国铁路迎来快速发展期，杨树佳的工作地点也在这几个城市间不断变换。他跑过业务、坐过办公室，一步步成为企业总部中层管理者。“我们单位主要做与甲苯硝酸相关的业务，侧重民用领域，比如每个人的鞋底、鞋帮很多都是甲苯硝酸做的。现在，我们部门只有六七个人，销售收入却已经接近 10 亿元了。”说到企业的发展前景，杨树佳脸上充满自豪。

冥冥之中，杨树佳与北京到天津这段铁路有不解之缘。多年以前，他通过普速铁路进京；2008 年，在天津工作的他又开始享受京津城际铁路带来的便利。“北京奥运会开幕当天，我买了车票，不过现在忘记放哪了，太遗憾了。我还买了一张 8 月 18 日的一等座车票，那次是从天津到北京出差。因为是单位公差，车费其实可以报销，但我把车票留作纪念了，没有报销。”杨树佳笑着说，他认为“很有意义”的车票留对了，现在都成“文物”了。8 月 18 日那天一大早，杨树佳用现金到天津西站售票窗口，恰好买到一张包含好几个“8”的车票。拿到如此“吉利”的一张车票，杨树佳当时就下定决心收藏起来。

2018 年 8 月 1 日，是京津城际铁路开通运营十周年的日子。在看似偶然的巧合中，杨树佳又一次见证了这一高光时刻。当天，杨树佳从武清站上车赶往天津西站，准备换车去邢台。就在天津西站换乘过程中，杨树佳发现有个地方围了很多人，抱着看热闹的心态凑上去一看，原来媒体记者正在采访驾驶中国高速列车“第一人”——李东晓。“高铁司机第一人，我觉得很厉害，就趁机跟他合了影，还发了微信朋友圈，很多亲朋好友给我点赞。”杨树佳说，他几乎没有错过京津城际铁路的重大变迁，或许就是自己与这位“老朋友”的缘分吧。

"地铁 + 高铁"更具优势

杨树佳真正频繁与京津城际铁路"见面"，是从 2014 年底开始。2014 年底到 2016 年 5 月，杨树佳还住在天津市区南部，坐两站地铁才能到天津站，然后坐车到北京南站。"从北京南站到单位所在地车道沟还有一段距离。如果特别幸运的话，假如车与车都能接上点，不用等待太长时间，单趟路程也得接近 3 个小时。"杨树佳说，这样奔波一年半后，他就想着买房。

2016 年 5 月，偶然的机会，杨树佳到武清出差。闲聊中，一个家住武清的同事推荐他在当地买房子。同事带着他走走看看，杨树佳一眼就看中了武清站附近的一个居民小区——亚泰澜公馆。"我老婆在辽阳一个小学当老师，请假难，调动也难。所以当时就想买间小房子当宿舍住，71 平方米，一室一厅，还带个不小的阁楼呢。"无心插柳柳成荫，杨树佳就想图个方便，没想到歪打正着，自己买完之后不到 5 个月小区房价就涨了好几倍。此后，杨树佳就主要在京津城际铁路北京至武清区间往返，旅途更加轻松，原来上班往返一趟需要 6 个小时，现在基本 3 个半小时以内就能搞定。

因为工作性质决定，除了北京、天津，杨树佳还要经常去别的地方出差。刨去出差的这些日子，他平均每周至少三四天要乘坐京津城际铁路上的高铁动车。"这样算起来，一个月通勤 15 天左右，刨去节假日，一年大概有 100 到 130 天要接触京津城际铁路。加上上车前和下车后的交通费用，一年估计 2 万多块钱就够了。"杨树佳说，亚泰澜公馆与武清站只相隔三站地，下班后如果不赶时间，他就不坐公交车，而是步行 20 多分钟回家。

为什么不在北京租房住？听到这个问题，杨树佳连连摆手："一年花 2 万多块钱在北京租房，基本都要到距离市区很远的地方了吧。我有

复兴号动车组列车穿梭于京津两地 / 杨宝森 摄

个同事在北京跟外甥一起租房，月租至少 4000 多块钱，这样一年下来就得 5 万块钱了。我这边 2 万块钱就能搞定，无非是辛苦点，其实可以当成每天锻炼身体。”不止如此，另外一件事也让杨树佳更坚定了“住武清性价比更高”的想法。有一次，他跟一位家住北京市朝阳区化工路的同事打赌，看谁下班后先到家。“我俩同时下午 5 点下班从单位出发，我先坐地铁再坐高铁，他开汽车。辗转大概 100 公里，不到晚上 7 点，我到了武清的家，发了一个定位给同事。你猜怎么着，他那个时间还堵在路上呢。”杨树佳介绍，车道沟距离化工路也就 20 多公里，结果还是“地铁 + 高铁”更具优势。

在京津城际铁路走多了，除下高铁后不打出租车、不坐公交车外，杨树佳还琢磨出了其他省钱“小妙招”。他办了中铁银通卡，来回一趟一天能节省交通成本 12 元。跟杨树佳一样，现在很多经常乘坐京津城际铁路高铁动车的旅客都购买了“京津城际同城优惠卡”，沿线多个车站设有办卡窗口，旅客充值满一定金额可享受折扣，乘车更省钱。

每周二，杨树佳所在单位都要召开经济活动分析会，他必须参加。杨树佳基本都是乘坐从武清到北京的最早“一班车”，到单位才 8 点多。出差时，杨树佳也经常坐飞机，但还是离不开京津城际铁路。他一般都是从武清站上车，14 分钟到天津站，不出站直接坐地铁，经过八九站，出来就是机场，基本上 40 分钟就能从武清站赶到天津滨海国际机场。

从武清去北京上班，从武清去天津坐飞机——住在京、津两大直辖市之间的武清，杨树佳把京津城际铁路的两端都用足了，他与这条高铁俨然成了相互陪伴的“老友”。在他眼里，这样的生活找到了时间与金钱间的平衡点，我们完全可以借鉴国外卫星城的发展经验，不要都挤在大城市里，分散居住到卫星城也挺好。

只为铁路变更好

单程84公里、行驶22分钟、一等座45.5元……武清站至北京南站的城际列车有近30对，对列车的相关信息，杨树佳已经烂熟于心。几年接触下来，杨树佳见证了京津城际铁路的诸多变化，更见证了铁路职工为提升旅客服务体验所做的努力。

“原来，北京南站到武清站的最晚一班车是20时56分发出，现在改成了21时27分发车。虽然只是延长了大概半个小时，但我觉得这一细节充分体现了铁路人在为旅客着想。”杨树佳不知道铁路线路改点的专业名称叫“调图”，但却自己总结出了变化规律，“以前下了班在北京跟同事聚个餐，假如七点开饭，基本吃不了一个小时，就要往北京南站赶了。开往武清站的末班车延时后，更加人性化，聚餐的时间更充裕了。”

给杨树佳的直观感觉，现在每周一去往北京的列车也不像以前那么挤了。一方面，车次增加了，把人分流了；另一方面，高铁动车在客流高峰期也会进行重联，8节车厢变成16节车厢，铁路运能更大了。特别是17辆编组超长版复兴号在京沪高铁上线运营后，更能有效提升干线铁路运能。杨树佳说：“看得出来，为了我们这些通勤族的出行便利，车站也好，列车也罢，都在不断地摸索经验，提升服务水平。”

据杨树佳介绍，武清站外边有不少出租车司机在拉客，拼车去北京一般每人60元。“我没有拼过那种车。就有一回想坐大客车，司机说马上走，结果等了很久人没满车也没开走，我就下车了。我还是信任铁路，安全、正点、靠谱，那些出租车、大客车不仅信誉难保证，而且路上还常常遇到恶劣天气、安检、堵车等各种突发情况，上班难免会迟到。”切身从中获益之后，杨树佳有时会给京津城际铁路代言，积极向同事朋友推介。

对于铁路发展，杨树佳也从旅客角度提出了自己的意见和建议。2019 年 10 月，交通运输部发布《城市轨道交通客运组织与服务管理办法》，要求与火车站、长途客运站、机场等相衔接的车站为安检互认提供便利，以减少重复安检，提高通行效率。杨树佳也认为地铁应该与火车站安检实现互认："互认是对的，高铁安检比地铁安检严格多了，没有必要再进行重复安检，当然还需要对旅客进出站通道和安检关口进行科学设计，实现旅客在站与站之间的封闭环境内流动，实现安检一站通过。"

在武清站，杨树佳经常会遇到一个古道热肠、幽默风趣、满口天津话的铁路老职工。"等车的时候，我时不时跟这位老职工聊会儿天，总听到他给旅客指路。比如，他会说，坐 3 号车厢大号座位的站这边、小号座位的站那边。这样就避免了旅客走路绕远，真的很实用。"受此启发，除了车厢号，杨树佳觉得铁路部门还可以通过站台地标或者车厢外电子显示屏标注座位大小号，让旅客看一眼就知道自己从哪边的车门上车更方便，也能避免上车后找座位造成拥挤。此外，杨树佳还建议列车工作人员减少检票频次，应更多地借助信息化手段提供无干扰服务。在他的设想中，列车工作人员通过智能终端设备就能及时掌握旅客乘车以及座位是否售出等信息，不需要再用人工方式检查每一个人的车票。随着铁路信息化建设快速发展，他觉得技术上解决这一问题并不存在很大难度。

"总的来说，高铁给我带来了很多方便，让我有了另一种生活方式。现在，我越来越喜欢坐高铁出行，有时是回辽阳看老母亲，有时是去盘锦、大连出差。"虽然还有几年就要退休了，杨树佳依然不想改变现在这种看似奔波的生活，"我房子前边是河和树林，不远处是火车站，可谓闹中取静。到了周末，我就自己弄点肉串或者水果吃，怡然自得。"

2015 年 9 月 20 日，京津城际铁路延伸线开通，从北京到于家堡只需 60 分钟；2018 年 8 月，京津城际铁路全部换用复兴号中国标准动车组列车，并恢复 350 公里的运营时速，车票价格不变；2019 年 12 月，京津城际铁路及其延长线涉及的北京南、天津、天津西、武清、塘沽、滨海、军粮城北 7 个车站开始试点实施电子客票业务……亲历这一个个新变化，杨树佳感慨万千。“用东北话说，我爱拽词儿。”兴致所至，他边说边提笔写下对中国高铁的寄语：“跨八方万里征程，聚四海亿万归心。”

身边的温暖

高铁奥运一线牵

2008 迎来了北京奥运，也迎来了我国第一条城际高铁的开通。这个女车长梦想成真。车上旅客成百上千，性情不一，心态各异，她用爱心细心温暖着旅客，旅客则把这位热心车长当成自己的朋友。

采访对象

李媛，北京客运段高铁一队列车长。

扫一扫，观看采访李媛视频

李媛是一位高个子姑娘，身高 1 米 75，秀发披肩，亭亭玉立。她性格开朗，非常健谈，交流时一点儿都不紧张，思路清晰，口齿伶俐。那一个个有趣又感人的故事，就像放电影一样，展现在眼前……

一件意想不到的事情

一开始，李媛其实并没有想到自己会进铁路工作。2008 年北京市商贸学校大专毕业后找工作，她和很多应聘的学生一样制作出精美的简历放在中介，然后在家里一边修着本科，一边等运气。忽然有一天就接到了中介让她去火车站面试的电话，她很兴奋，因为她之前还从来没有坐过火车，竟然天赐机缘让她去一个陌生又新鲜的行业面试，她心里感到无比荣幸和自豪。

李媛就问爸爸妈妈，这是一个机会要不要去？李媛的爸爸妈妈很支持女儿，说："有面试是好事，你去试试吧。"然后，李媛就去面试，而且被选上了。她至今还记得去石家庄培训坐的是绿皮车。"那是我第一次坐火车，坐完之后马上刷新了我的三观，天啊！怎么浑身上下都是黑的，怎么会有这么多土呀!”李媛笑着说。因为那时候的绿皮车车厢封闭效果还不太好，跑风透气也很正常，第一次的“风尘仆仆”让李媛终身难忘。

面对一个个满脸稚气的火车“小白”们，在培训过程中，前辈老师们讲了很多关于火车的专业知识，其中李媛印象最深刻的就是讲高铁，什么车型、京津城际等，不仅快捷而且干净……还没等老师讲完，李媛的第一反应是“我一定要去那趟车”，当时她的心里充满了想要去高铁工作的美好憧憬。

铁路是半军事化的地方，命令下达就必须及时去完成。上岗前的专业培训很严格，当时因为李媛心里暗暗有了去高铁动车工作的强大动力，就非常认真、投入地学习，主动积极地在集体生活中磨练自己，乐观地接受“魔鬼”专业培训。比如背海量专业名词、疑难案例分析、咬筷子练笑，练军姿，练正步走等，参加各种花式专业技能考试后，李媛顺利结业了。参加后期的面试和选拔，她以优异的成绩考上了京津城际列车，终于在2008年北京举办奥运会这一年梦想成真了!

“我是从列车员干起，跟着师傅学习列车员的全部作业流程。在实战中掌握工作的每一个细节技巧，不仅要学会跟各种各样旅客打交道的能力，还要特别专业地做好列车员的分内工作，比如管理车厢、理顺行李、查验车票、配合列车长及其他同事的工作等。”李媛笑着说。

刚开始的磨合期，她感觉还是很辛苦的，但在领导和同事们的帮助下，吃苦耐劳的李媛很快就上手熟练了。

“上班还不到一个月，我遇到一件意想不到的事情，这件事对我以后的影响挺大的。”李媛意味深长地说。

有一天，她在车上捡到一个没有人认领的大箱子，就交给列车长。列车长打开箱子一看，乖乖，一包钱，两包钱，三包钱……好多的钱，车长很镇静，说咱们先等会儿，肯定有人打电话来。没一会儿真有电话追来了，说一个人落一个箱子在车上，里头有现金什么的，现在正在往回赶。为了和他会合，李媛乘那趟车又返回，到天津之后跟失主联系上，她们见到了一个五六十岁的老伯正着急地等待着。

原来他是个华侨，这次跟几个华侨一起回到中国，因为从电视上得知 2008 年 5 月汶川大地震了，他们就想回国为国家做一份贡献。包里都是海外侨胞捐的钱。大家相约从世界各地齐聚北京，然后再坐火车去汶川，他们说想尽自己的一份力去帮助自己的骨肉同胞。当时李媛觉得特别震惊，特别震撼，心里升腾出一种莫名的感动和强烈的爱国心。

经过这件事之后，李媛感觉到自己成熟了很多。之后领导又让她负责团委、党支部这一块的工作，李媛就和单位的团员、党员们一起组织

并参加了很多的公益活动。他们组织去太阳村看望因为父母犯罪而无人监护的留守儿童和从人贩子手里解救出来的孩子们；去敬老院慰问鳏寡孤独老人；还连续三年去“陌妈之家”，这是由北京志愿者自发建立的一个公益组织，帮助外地来北京看病的孩子们。

李媛说，他们在做团建、党建活动的时候，同事和家里的孩子会参与进来，公益活动变得更加有意义；他们还会通过水滴捐助帮太阳村、敬老院申请公益资金等。

在铁路这个大集体中，同大家一起做公益让李媛的思想境界飞速提升。从第一次捡到箱子那个小点，到现在和大家一起做公益的这一个大面，她深刻地感觉到每个人都是社会的一份子，大家都能为社会或多或少做一点事情，尽自己一份力。只要人人都奉献一点爱，这个世界就会很美好！

和那位阿姨旅客竟成了忘年交

从一名菜鸟到能够独当一面、带领班组确保旅客安全的成熟列车长，不是一蹴而就的事。这中间要经过无数次痛苦的历练和坎坷的磨折，才能够让一个刚出校门的稚嫩女孩肩负起全列旅客平安快乐出行的重任。

在当列车员的日子里，勤奋上进的李媛一边上班实践着铁路客运业务知识，一边利用业余时间进修本科。仗着自己还年轻，她每天白天黑夜连轴转地学习。李媛非常感谢父母的支持，她是独生女，家里所有的事情父母都不让她干。她爸爸说，什么都不用你管，你就负责好你的工作和学习，家里不用你操心，都有我们呢。

李媛是个自尊心很强的人。刚上班的时候，到车队办公室去报到，队长说准备好了吗，她信心满满说准备好了。结果队长问了她两道题，她一道都不会，队长就说你这些业务怎么学的，你们去石家庄培训都学什么了，你们那个考试怎么考过的……说得李媛满脸通红。

“我这个年龄、这么高的个子，让人这么说可不合适。”李媛说。从那以后，她就下定决心更加认真学习业务知识，列车长给的东西她都背，列车长不给的东西她也背。

以前没有到铁路工作的时候，李媛以为列车员就是查票，验票、整理行李架什么的，感觉挺简单的。学业务后她才知道，原来铁路有这么多需要掌握的规矩和规章制度，心里对铁路工作的感受有了 180 度大转弯。

在一次大组会上，所有人背的都是重复的题，等到考她的时候，考官出了一道新题，她答出来了。领导又说，李媛，我再问你一道题，她又答出来了。领导又问她第三个会不会，她说我会啊，正准备答，领导说你不用回答了，坐下吧。从那以后，整个车队的人都记住了李媛的名字。之后领导又给李媛找了很多的业务知识题，说你去背吧，这都是列车长以后需要的资料。她就拿回去每天认真学习，努力去背，直到滚瓜烂熟为止，然后再把这些知识在工作中去实践、熟练，直到完全融会贯通。

李媛一心一意扑在工作、学习上，准备着各种业务和专业考试，她的父母从来不让她分心，家里有什么事也不会给她打电话，包括她的姥姥姥爷过世也是事后父母才告诉她的，因为那段期间李媛在考试。

就这样，在亲人们的鼎力支持下，要强的李媛在上班第二年就因为业务突出顺利考上了列车长。在单位组织的业务知识团体比赛中，她和基本功扎实的队友们一起通力合作、默契配合，2011 年拿下了冠军的殊荣。2013 年她还顺利地拿下了本科学历。

在工作中，李媛会面对各种各样的旅客。有一次，一个六十多岁的阿姨一瘸一拐地上车找到她，说自己刚才着急赶路摔伤了。李媛赶紧把阿姨安排在稍微宽敞点的餐车处检查阿姨的腿，发现腿部皮肤全青了，还有破损，她迅速找出医药箱给阿姨上了碘酒。坐了一会儿，阿姨的腿又麻木没知觉了，她又立即用手给阿姨的腿做按摩。李媛还通过广播找到车上的一位骨科医生旅客给阿姨看病，医生说没伤到骨头没大事，大家就放心了。然后李媛联系了阿姨的家人接站。第二天，李媛还主动给阿姨打了一个问候电话，之后，阿姨经常给李媛打来电话，现在她们已经成了忘年交。每次想到这位阿姨，李媛的心里都是暖暖的。

想当个好车长真不容易

李媛虽然经过了无数次的出车任务，但现在每一次带队出任务，都像第一次那般认真热忱。从 2009 年当列车长到现在已经有 10 年了，她逐渐从青涩变成熟，从菜鸟变成行家。

李媛认为，要成为一名优秀的列车长，也不容易。

在行车途中，一方面要跟所有旅客去介绍，还要应对一些突如其来的问题。比如：有好多火车迷都喜欢买第一趟车，上车后感觉很新鲜要问很多问题，有些问题都是第一次听到，所以事先要做足功课，回答不出来就太尴尬了，作为列车长必须熟悉铁路客运服务业务，不能让打破砂锅问到底的车迷们给问倒了。对于列车设备状况也要全面掌握，例如，高铁车体比其他车宽 10 厘米，Wi-Fi 怎么连接，电视屏怎么操作，商务座有什么不同，卫生间都有哪些改造等，都要详细了解。

“列车长掌握的知识不仅要专，而且要杂。”李媛说，有一次在车上，李媛碰到了外国旅客，经过很多山的时候看到好多坟地，他们就好奇地跑过来问：“这是什么?”李媛想该怎么介绍啊，最后想了想告诉他们说，中国有一句话，叫入土为安。因为这些人的祖辈都在这里，他们最后回家了，安葬在这里和亲人团聚。“入土为安”的英文就是她悄悄上网查的。

另外，列车长还要懂点心理学，既要观察情绪，还要引导情绪。李媛说，一次在跑城际的时候赶上中超联赛，车上一半都是球迷。如果赢了还好，如果哪个队输了，那个队的球迷坐车回来，那就比较尴尬了，而且一趟车上，去的时候天津主场，基本出去的都是北京球迷，赢了还好，要是输了情绪可失落了。一到车厢就能感受到，球迷们大喜大悲的情绪都在脸上带着呢。这个时候列车长要懂得调节车厢里的气氛和大家的情绪，不能让他们过火，更不能过界。因为球赛结束都很晚了，对于他们而言，兴奋的点刚刚燃烧起来。球迷一高兴就开始吹喇嘛，她和列车员马上就要过去委婉地拦着他们不要吹，告诉他们其他旅客都在睡觉呢。还要提前告诉每一个乘务员绝对不许跟旅客提球赛的事，不能跟旅客聊这个话题。因为这个话题容易让他们的情绪激动，本来双方球迷没事，结果让你给挑起来事可就麻烦了。李媛说，双方球迷都在一辆车上，就算我们自己支持某一个球队，但这个时候，我们都要始终保持中立。

列车长要时刻留意并观察旅客的微小情绪变化，随时了解到车厢里所有的动态。李媛说，有时候感觉到一点不太对劲的地方，比如旅客之间有小摩擦吵起来，甚至动手了，就要赶紧去灭火，把矛盾扼杀在摇篮里，要第一时间去妥善解决。还要善于与各种人沟通交流，懂得换位思考，善于解决各种问题，大家一起坐火车就是缘分，谁和谁都不是仇人，坐车是想开心出来玩的，大家要互相理解，互相珍惜。解决旅客间的矛盾是列车长的基本功，话说到人的心坎上，问题妥当解决了，大事化小，小事化了，到最后不打不相识，大家还都成了朋友。

有一次下大雨列车前进受阻几个小时，旅客怨气很大，当时好多人都找列车员要说法，解释得不满意，旅客就说把列车长找来。那天车厢人很多，挤得满满的，可列车长就一个，她根本无法来回走动。此时乘务员电台里不停地传来呼叫列车长的喊声，“13 车有旅客找您”“12 车有旅客找您”“9 车有旅客找您”等。就在李媛被几个旅客围着质问、刁难走不出去的时候，有名善良的旅客很巧妙地帮她解围，总算让她走进下一节车厢。李媛心里真的非常感动，但只能用轻轻的一声“谢谢”表达她的感激之情。

列车长要懂得应对一些“特殊”旅客。一次，几个南方做生意的旅客上车了，他们好像很有钱。上车就跟乘警说，那个师傅，我问你一下，抽一根烟罚多少？那时候处罚力度小才五十一根。他转着眼珠子琢磨琢磨说，我得抽四根，给你二百甭找了。呵，他当这是做买卖呢，简直让人哭笑不得！后来经过李媛好言相劝，才打消了他想在车里抽烟的念头。

一趟列车就是一个小社会。李媛说，在火车上会遇到各种各样的旅客，遇到特别困难的旅客，列车员就有责任保护和帮助他们。对在火车上犯病的旅客，李媛会第一时间做好病人和家属的安抚工作，还会通过广播请求旅客中的医生帮助，积极联系救护车等事宜。

在一次次妥善处理这些棘手问题的过程中，李媛深刻地感觉到，人与人之间不是冷漠的，在别人真的需要帮助、生死攸关的关键时候，很多好心人都能挺身而出，这个世界是有温暖存在的。李媛说，列车长只有对旅客有对待自己亲人般的那种真感情，才能真正胜任并做好“列车长”这份平凡而伟大的工作。

这个女兵不一般

爷爷是干铁路的，父亲也是铁路人。家庭的熏陶在她的心灵深处刻上了铁路烙印。从部队退伍后，她便来到铁路车站工作，成了一个真正的“铁三代”，从上班第一课到高铁站开门迎客的那些事都记忆犹新。

采访对象

沈佩，南昌站南昌西站客运值班员。

扫一扫，观看采访沈佩视频

1994 年当兵，1997 年退伍，到 2018 年，41 岁的沈佩已是一位“老客运”了。她 1998 年分配到南昌站时只有 21 岁。2013 年 9 月 26 日，伴随着沪昆高铁的开通运营，南昌西站也开站迎客。沈佩主动请缨，选择来到充满挑战的南昌西站。

南昌西站从开站之初的 112 名职工、每天 11 趟车、千余人次的旅客发送量，到现在的 242 名职工，每天 120 余对车，日均最高 4.5 万、日最高 10.07 万人次的旅客发送量。职工数量只翻了一倍，列车和客发却翻了十余倍，工作量可想而知。

南昌西站客运员的工作节奏之快难以想象：上午 10 点半，就需要安排轮流吃中餐，以确保每人都能有时间吃饭。沈佩作为日勤值班员，需要在售票口、进站口、候车室、站台、出站口等几乎所有的客运作业场所巡视、把关，确保整个作业流程顺畅无误。她每天的微信最高步数达到 2.2 万，突破了全国平均水平。

上班的第一堂课

沈佩出生于一个铁路世家：爷爷、父亲都是铁路人，到沈佩已是“铁三代”了。前辈的熏陶在沈佩的心灵深处牢牢打上了铁路烙印。

刚到南昌站时，沈佩被分到客运车间，主要工作职责是负责为南来北往的旅客解答问询以及放客检票、进站组织等。刚从部队出来工作，“初生牛犊不怕虎”的她觉得客运工作没什么，就是检票、验票，简单得很。然而，她很快就迎来工作第一道难关：师傅从办公桌的抽屉里抽出了一张 A3 纸大小的列车时刻表，纸上密密麻麻、整整齐齐排列了一大片根本不熟悉的“数字、字母”，师傅说，这是列车时刻表，要求一天内必须熟记，否则不准下班回家。

当时，沈佩就有些傻眼了，在部队都是积极上进、刻苦训练，现在要面对死记硬背这些“数字、字母”还真有些为难。起初沈佩还不理解师傅这么做的用意何在，只是按照要求，认认真真、踏踏实实背好每一趟的列车时刻，虽然背到了下班的最后时刻，但总算是达到了师傅的要求。

后来工作的过程中，才慢慢懂得，在那个没有手机、网络的时代，旅客要选择合适的出行列车，最简单、最直接、最管用的方式就是询问车站的客运工作人员。熟记列车时刻表只是工作的第一堂课，也是一堂基础课，是回答旅客问询的最关键环节。记得住列车时刻，就可以最快速度解答旅客的询问。

在这之后，沈佩又相继背出了每趟列车的站顺、票价以及大站的换乘方向，从“门外汉”向业务尖子一步一个脚印迈进，扎扎实实做好每一项工作。

高铁站最担心的事

2013 年 9 月 26 日，南昌西站正式开通，江西省会南昌市正式拥有了一座高铁车站，铁路也向高铁时代大步迈进。

沈佩作为南昌站的业务尖子，主动请缨，挑起大梁，申请调往南昌西站，为车站培育一批新鲜优质“血液”。

面对高铁站安全、方便、快捷、无干扰的服务要求，沈佩耐着心思，一面从老站的经验中不断摸索，一面向其他高铁车站虚心取经，形成了她自己的一套做好旅客服务的“独门秘籍”，并把它传授给了西站每一名客运职工学习。

“刚开站的时候，高铁车站禁止送站，旅客都非常不理解，我们都是一边苦口婆心地劝，一边为他们提供力所能及的服务。”沈佩说道。开站之初，沈佩就牢牢地“扎”在了车站进站口，一方面向送站旅客解

释，高铁车站不售卖站台票的规定是出于对旅客安全的考虑；另一方面尽己所能，为有需要接送车的重点旅客提供免费服务。

南昌西站 2014 年的旅客发送量是 299.8 万人次，2017 年的旅客发送量是 1585.8 万人次，短短 3 年时间，旅客发送量增长了 5 倍多。目前，南昌西站自助购取票机、“刷脸机”、中转换乘通道、便民用餐区、哺乳室等设备设施一应俱全。

“现在的南昌西站已经随着旅客的需求，不断完善着自身的软硬件设备设施，已经可以满足旅客自助出行需求，让旅客真正体验到更美好。”沈佩笑着说道。

但是遇到冰雪、强降雨、台风等恶劣天气，就会出现她最担心的情况。

2016 年 7 月 1 日至 3 日，受湖北省强降雨的影响，京九、京广、川黔铁路等多个区段出现严重水害，南昌西站出现多趟普速列车晚点及部分普速列车停运的情况。这 3 天里，南昌西站晚点 2 至 5 小时的列车有 18 列，晚点 5 小时以上的列车达 28 列，停运列车 13 列，该站迅速启动了应急处置预案。自 7 月 1 日上班后，沈佩合理安排增开退改签窗口，拿着喇叭在进站口、候车室、站台上疏导旅客，为他们提供最佳出行方案，嗓子都喊哑了。直到 7 月 2 日，通过沈佩和班组长近 40 个小时的客运组织，南昌西站的旅客才陆续坐上了返家的列车，她才安心回家。

带出了不少徒弟

她不仅对自己严格要求，获得许多荣誉，还培养出很多新人，带出了如高茜、刘浩、甘罗等班组年轻的优秀工作者。

南昌西站开通运营时，是高茜参加工作的第二个年头。她从山东只身来到南昌工作。沈佩就像一位知心大姐，不仅对高茜这样的异地职工嘘寒问暖，还手把手教她们业务。高茜是个勤奋好学的孩子，沈佩传授工作经验，耐心教业务，师徒经常沟通。身兼客运二组党支部书记的沈佩经常和班组职工一对一交流谈心，通过谈心，及时发现职工性格类型和兴趣爱好，针对职工不同的个性合理建议安排具体的岗位。如：细心开朗的可以售票，沉默内敛的可以验证，睿智幽默的可以检票，乐观沉稳的可以学习综控……综控员束娟娟就是一个被“挖”出来的例子，从最初的业务不尖到现在在综控室游刃有余，她不仅自身业务好，还和搭档默契度极高。沈佩通过督促年轻职工学业务、指导年轻职工勤实践，做好客运服务组织，在岗位上成才。

2015 年，高茜获得江西省“振兴杯”客运员比赛第一名的好成绩，2017 年被授予“火车头”奖章，现在也走上了值班员岗位。

在工作中，沈佩还是个细心大姐，主动了解职工工作动态，及时掌握诱发不良情绪的导火索。有一次在站台巡视时，发现职工刘浩立岗接车时站姿不标准，本想上前纠正，但看其面色痛苦，便询问原因。原来，他在家扭伤脚踝，但因班组人员紧张，依然选择坚持在岗。作为日勤值班员的沈佩知道后，协调安排其他职工为其顶岗，建议刘浩回家安心养伤，并组织班组职工对其进行探望。

谈起这些小姑娘的成长，沈佩说的最多的一句话便是“师傅领进门，修行靠个人”。殊不知在工作中能遇到一个给予指导的“知心大姐姐”是多么的幸运。

对待安全，沈佩从不马虎，也容不得职工马虎。2016 年“9.20”调图后，G85/6 次列车改为不办理客运业务，在南昌西站正线通过，安全要求更高。

沈佩每天提前 20 分钟到站台检查股道有无异物，加强站台巡视与

安全卡控。在一次站台巡视检查时，她发现21道里有一大袋垃圾，立即与综控室沟通协调处理，排除了安全隐患，防止了意外的发生。针对客运员确认股道不彻底、不认真的情况，沈佩事后立即对责任人进行谈心帮促教育，告知其股道有异物的危害性。不少客运员在她的带领下变成了“安全小达人”，一批批业务骨干陆续走上班组长、值班员等重要岗位。而针对某些老职工行为懒散、纪律性不强的现象，沈佩更是经常和他们面对面谈心，在强调纪律观念的同时，聊聊儿女，拉拉家常，引导他们为新职工树立好榜样。

对家人的愧疚

沈佩从不跟单位道自己家里的苦，许多事情都是自己扛，不给单位找麻烦。沈佩和爱人长期两地分居，爱人常年在广州，工作比较忙，在家的时间一年凑不到一个月。家里一对读初一的龙凤胎孩子学习任务重、压力大，需要家长辅导督促。沈佩作为日勤值班员，干起工作风风火火，雷厉风行，将阳光热情一面展现给旅客和同事的她，对于家庭却亏欠甚多。

高铁车站是旅客青睐的旅行出发地，沈佩经常忙得没有自己的时间，从孩子上小学到现在她只参加过 3 次家长会。对于两个小孩的学习，沈佩是心有余而力不足。“昔孟母、择邻处”，沈佩在孩子小学升初中的关键时期，择邻而居，在重点学校旁买了套二手学区房，一个人负责装修的事。能在有限的条件内为小孩创造好的学习环境，这是她在尽力弥补对孩子的亏欠。

提到父母亲，这位性格坚强的“女汉子”声音哽咽。

沈佩经常加班加点，每到节假日更加繁忙，对家里的长辈照顾不上，关心不够。

她的父亲是个老铁路，也是一名老共产党员。为了不让女儿工作分心，不给女儿添负担，自己身体不好也不告诉女儿。等沈佩知道时，老父亲病情已经加重，到医院就被立即送进重症监护室，之后再也没有出来，直至去世……

她的母亲身体也不好，因病提前内退。沈佩有了小孩后，她母亲就一直帮着照看小孩。对母亲来说，非常理解女儿的工作，希望女儿把单位工作干好，不用担心家里的事情，每天出门都再三叮嘱女儿慢点开车。“可对于女儿来说，真是太惭愧了。”沈佩深感内疚地说。有一次，母亲的脚受伤了，若不是小孩悄悄打来电话，沈佩都不知道。

这个女兵真是不一般，舍小家，顾大家，一心扑在工作上，怎能不让人竖起大拇指为之点赞?!

戈壁滩上那抹绿

大学毕业后回到新疆，在父母的感召下，她走进铁路，开始了“跑车”生涯。几年下来，这个蜜罐里长大的小姑娘，已经成为驰骋千里疆场、自如应对社会百态的“一车之长”。

采访对象

陈袁玉晶，乌鲁木齐客运段动车队列车长。

扫一扫，观看采访陈袁玉晶视频

她叫陈袁玉晶，扎着冲天小马尾，眉清目秀，两只大眼睛忽闪忽闪的会说话。这个小姑娘，给人的第一印象是爱笑、活泼、可爱，看上去就像一个刚刚大学毕业的学生妹。可听完她的故事，一种浓浓的敬意不禁从心底油然而生。

一家三代结缘铁路

陈袁玉晶是家里的独生女，她的爷爷以前是下乡的知青，后来当上了铁路修理工，一干就是一辈子。子承父业，她的爸爸一参加工作就在铁路上，最早在库尔勒电务段，之后调到乌鲁木齐客运段，从普通的列车员开始，一干也是一辈子，现在是客运段供应科的一名副科长。

“我是 2011 年大学毕业的，在毕业前我爸爸就一直跟我说，你要回来，女孩一定要离家近。我当时在大学学的是国际贸易专业，其实我心里是挺喜欢在外面闯一闯的，感觉接触的人要多一些，能够得到更多的锻炼。可我爸一直跟我说，你回来吧。我知道他想亲人们能够在一起，我理解他，也实在是拗不过他，就回来了，报名来到铁路，干起了列

车员。”陈袁玉晶的微笑中流露出对亲人深深的爱，也透出一丝对被动选择铁路工作的小小无奈。

这个在西安工程大学的优等生女孩儿和大多数女孩子一样，天生喜欢英语、艺术类的科目，四年科班的国际贸易专业学习又让她对海关和贸易产生了很大的兴趣。按照她自己的梦想方向，她未来应该是个画家、国际贸易商或企业家，可爸爸持续不断反对的声音一下子把她从梦想打入现实。“我爸爸可能受我爷爷的影响比较深吧，他总觉得铁路比较好，又觉得我一个女孩子在外面闯也比较辛苦，还是希望我能离亲人近一些。”陈袁玉晶笑得还是那么灿烂。

就这样，老陈家三代人与铁路结下了不解之缘。或许，小陈袁玉晶也会在铁路干一辈子。

小姑娘干起了列车员

参加工作的第一年，陈袁玉晶被安排在北京车队，实习的第一趟车是从乌鲁木齐到北京的。当时那一批共招了13个大学生，她跟大家一起由师傅带着去实习。可当列车员真的太辛苦了，不仅晚上要通宵值夜班、打扫卫生、洗厕所，还要照顾那么多形形色色的旅客，结果刚实习完，就跑了两个大学生。

“我们在家也不干这样的活，而且大学生刚进入社会，也没有经历过什么事情，都挺心高气傲的，觉得自己好像很了不起，吃不了这份苦。”陈袁玉晶说。

实习虽然很辛苦，但性格乐观积极的陈袁玉晶却觉得跟车的过程中自己学到了不少专业知识，还能够跟各种各样的旅客打交道，感觉还挺有意思的。

“跟我一个组的一个女孩子可能觉得实习太累了，就一个人偷偷跑到上铺哭了。”陈袁玉晶说。

看到她们这样大的反应，当时陈袁玉晶心里的落差也是挺大的，她也犹豫着自己到底是走还是留，人生难道这辈子就跟火车打交道了……可还没有来得及等她想清楚自己的人生方向该何去何从，单独顶岗的工作就拉开了序幕。

“单独顶岗就是一晚上一人看两节车厢。我到现在都清楚地记得我第一次单独顶岗，那是个冬天，一晚上一个站要下50名旅客，就看见不停地下人上人，上人下人；忽然厕所又堵了，要去清理打扫；孩子哭了，要帮着旅客哄，还要换票、提醒旅客准点下车、帮忙拿行李、开关车门……”陈袁玉晶的语气却很轻松，好像是在说别人的事情。

“下车回到家，我已经蔫了。躺在床上，一动不想动，连感觉累的力气都没有，当时觉得这工作真的是太辛苦了！车厢里什么旅客都有，不理解你的还说难听话，刚开始做得不熟练，车长还训你一下，这种‘酸爽’的滋味至今难忘。”

就这样，陈袁玉晶从一名刚出校门的青涩的普通列车员做起，咬着牙，克服重重困难，开始了自己的青涩稚嫩的铁路生涯。

一开始业务不太熟悉，陈袁玉晶有时会出点小差错。比如清点卧铺的物品要汇总 100 多张单子，因为不熟练，她总是很慢，还点不清楚；列车快到站了，要喊旅客下车，有的旅客没有听到或者睡着了没有下车，就会埋怨她，甚至恶语相加；车长当着那么多旅客的面也埋怨她怎么不早点做准备，不按作业流程操作才会出现纰漏等等。

对一个小姑娘来说，那个时候是最痛苦的，心里委屈得要死，打碎牙齿往肚子里咽，旅客和车长的话像刀子一样扎着她脆弱敏感的心，恨不得当时就扒个地缝钻进去。跑了四趟车后，列车长觉得陈袁玉晶的性格比较像男孩，性格直率也很勤快，可确实有点儿不太适合看卧铺，就把她放到硬座车厢。

“这确实是自己工作的失误，给旅客和车长带来了麻烦，自己要首先检讨，争取吸取教训，再也不犯同样的错误。”有这样的认识态度，加上自己的严格要求，换到硬座车厢后，陈袁玉晶竟然感觉到很开心，有一种如鱼得水的感觉，进步很快。

“我喜欢在硬座跟旅客聊聊天，打扫卫生什么的。硬座车厢里务工人员比较多，他们都很热心、很淳朴，跟他们说话很开心，有时候他们还特别乐意帮助我，比如帮我调一下重行李，我提醒不要把瓜子皮扔地上，他们马上就自觉地放塑料袋里了。”交谈中，陈袁玉晶的脸上始终洋溢着小姑娘阳光般的笑颜。

其实，作为列车员，陈袁玉晶经历过不少常人想都想不到的困难和挑战。有一次，列车停靠在石家庄站，因为上下车的人太多，门口都是人，她怎么都挤不上去，最后车快开了，在这紧急关头，多亏旁边一个小伙子出手，使劲拽，才把她拽上车，没有被落在站台上。

回想起来似乎很苦，但年轻的陈袁玉晶觉得还是挺开心的，也受益匪浅。

那段时间，她一边干列车员工作，一边跟着学习画密度表、补票等新业务。列车长还手把手带她熟悉列车长的全程作业。在师傅们的帮助下，她不怕吃苦、勤学苦练，加上天资聪颖，第二年，在 60 名考生中脱颖而出，以第一名的优异成绩顺利考上了列车长。

列车长的责任大如天

在北京车队当了两个月列车长后，陈袁玉晶的工作能力得到很大的提升。这个时候奎屯至克拉玛依的城际列车已经开始运营了，她被调到这趟车上干了大半年，之后又接受了一次封闭式业务培训。

动车开行后，陈袁玉晶又被抽调到动车上，刚开始天天跑哈密，一天 4 个往返，从清晨跑到晚上。

“记得当初跑第一趟车时，早上不到 5 点钟我就起床了，上车后一直站着工作到晚上 12 点。就这样连续跑三天，我感觉自己的脚都已经废了，最后站都快站不住，到晚上回去休息的时候，已经没有知觉了。”陈袁玉晶笑着说。

以前犯错被列车长批评的时候，陈袁玉晶觉得当列车长挺威风的，可真等自己当上列车长，才知道了列车长肩上的担子有多重，压力有多大，尤其是刚开始干列车长的时候，有一个非常痛苦的磨合期。

“刚开始感觉身心都特别累，尤其是身体不舒服的时候，感觉快扛不住了。”

在陈袁玉晶最痛苦、甚至想要放弃的时候，她的爸爸就天天跟她讲爷爷做事情怎么认真细心踏实，一辈子修了多少铁路的故事，还讲他自己是怎样从列车员、厨师、餐车长、列车长，成长为副科长的“光辉革命历史”，讲当时是怎么克服一个个困难和难题，遇到各种情况是如何科学妥善处理的，遇到工作低谷的时候是怎么闯过难关的。

陈袁玉晶的爸爸是客运段的，2019 年已经 59 岁了，当年也是从列车员开始干，那时候还是绿皮车，还刷过凳子腿。作为爸爸每次看到女儿回家特别痛苦的样子，听着她抱怨的话，就会说：“你这算什么，我当时干的时候才叫累呢，不都扛过来了。当时刷凳子腿的时候，汗都一直往下滴，那时候我们还是红旗列车呢。”

“没想过要转行吗？”

“中间也想过还要不要继续走下去。但最后想想自己已经坚持了这么长时间，觉得再离开其实挺没面的。”陈袁玉晶觉得她的性格还挺喜欢跟各种各样的旅客打交道的，可以接触一下不同的人。

在陈袁玉晶考列车长的时候，她爸爸每天督促她认真学习业务知识，熟悉掌握列车长基本的作业流程。当上列车长后又教导她如何面对工作中遇到的各种棘手问题，手把手带着自己的女儿一天天成长成熟起来。

列车就是一个小社会的缩影，各种各样的人，各种各样的事，列车长都要管。一车之长，责任重大。年轻的陈袁玉晶同样经历了各种各样的工作考验。有件事，她至今难忘。

那是 2015 年的一个秋日，列车停靠门源站，车站交来一名用担架抬着的男旅客，据说是与人发生口角，被别人捅了两刀，要赶去西宁救

治。结果上车后，不到 20 分钟，这位旅客脸色发绿，出血不止。陈袁玉晶说：“我当时也特别害怕，但作为列车长，我必须保持镇定，一边叫乘务员把药箱拿来，一边跟列车司机沟通，希望加快运行速度。随后又打了 120，通知救护人员车上有急重病人，让他们尽快到车站。好不容易熬到西宁站了，把那旅客送了下去，我觉得自己的腿都软了。”

门源，就两个月的夏季，一到秋天就开始下雪了，特别冷。

陈袁玉晶说：“我还是第一次见人失血那么多。从门源上车，下一站就是西宁。这中间要运行 48 分钟。最后比正点快了 7 分钟到站，这已经很不容易了。”

陈袁玉晶认为，列车长遇到这类突发事件自己要冲在前面，首先安抚群众，降低大家的恐慌情绪，及时打扫干净车厢里的血迹。遇到在路途中犯病的旅客，要一边冷静地安抚病人和家属，一边打急救电话寻求联系救护车和医院。遇到小孩掉下站台，要及时营救，第一时间联系到监护人。遇到旅客有困难的时候，要想尽办法替旅客排忧解难。

“越是在紧急的情况下，列车长越是不能慌，一车人都看着你呢，列车长是大家的主心骨，你要是先慌了，就会把恐慌情绪带给其他年轻的列车员和旅客，不仅不利于解决问题，还会制造出更多的麻烦。要沉着冷静地根据当时的具体情况灵活科学地处理，用最快的速度、最好的方法解决问题。”陈袁玉晶说。

在当列车长的过程中，陈袁玉晶也有很多开心愉快的时候至今记忆犹新。“过年的时候，我会带着列车员在车厢里跟旅客一起包饺子过年；组织大家一起表演小节目助兴；没有服装，我们就拿垃圾袋自制道具跳自编的舞蹈跟旅客们一起过年；组织有奖猜谜活动活跃车厢里的气氛……”

当列车长的日子让陈袁玉晶体会到很多常人没有的独特感受。要在脑子里牢记每一站的站名和每个区间的车票价格，能够随时随地精准无误地回答旅客的各种提问。每趟车下来她最少步行 2 万步，回到家后，身体就跟散了架似的。遇到节日，还要组织列车员表演新节目，自己都快赶上编剧了。遇到脾气不好、动不动就要投诉的旅客要耐心安抚，小心“伺候”；遇到老年旅客要照顾周到细致；遇到儿童旅客要会哄孩子开心；遇到旅客之间因为小事发生摩擦的，要及时妥善地调解，化干戈为玉帛；遇到有家庭矛盾纠纷在车里寻死觅活、哭天抹泪的，要好言相劝，耐心安慰；遇到横行霸道、欺负旅客的，不能客气，赶紧联系乘警和“110”把坏人绳之以法，确保旅客生命财产安全。

“现在我觉得如果有突发事件，我一个人都可以处理。”陈袁玉晶自信地说。

无论在工作中遇到多少辛苦和困难，在陈袁玉晶心里，爷爷和爸爸一直都是她工作的原动力和榜样，工作中经受的磨练让小陈袁玉晶变得越来越专业和老练，从一名受了委屈哭鼻子的小姑娘变得越来越成熟、稳重和坚强。

在单位领导、同事和亲人们的帮助下，年轻勤奋、不怕吃苦的陈袁玉晶逐渐成长为一名能够独当一面、周全妥善应对工作中各种困难的优秀列车长。她不仅自己要当好列车长，还肩负着培养新人的责任，目前已经成功带出了 5 位列车长。

陈袁玉晶这个年轻的“老车长”经过几年的专业历练，像一只浴火重生的凤凰，以一种不屈不挠、不服输的奋斗精神和坚强的意志力，勇敢、乐观、自信地接过了爷爷和爸爸手中的“接力棒”，以火热的激情为中国的铁路事业默默奉献着自己的青春和智慧，脚踏实地地沿着爷爷和爸爸当年的足迹，在悠扬、洪亮的风笛声中，前行……

开车想着坐车人

许多旅客之所以出行首选高铁，不只是因为高铁速度快，还因为它的平稳度和舒适感。而这背后是高铁司机们那颗把旅客当亲人的责任心和那一身过硬的本领。

采访对象

袁国慕，北京机务段石家庄运用车间京广高铁车队指导司机。

扫一扫，观看采访袁国慕视频

很多坐高铁的旅客可能不知道，每天正班高铁开行前，都会开行一趟确认车，用来为当天开行的高铁提前探路，确认整条线路是否符合开行条件。

用袁国慕的话说，自己开的动检确认车就是为高铁“蹚路”“挡雷”的先锋车。

人们睡得正香的时候，他已出发

袁国慕，河北人，是北京机务段石家庄运用车间的动车组指导司机。他所在的车间负责京广高铁石家庄至北京西、北京西至郑州东两个区段的高铁沿线安全确认。

每天凌晨2点半，绝大多数人睡得正沉正香的时候，他已经开始出勤，接上自己的“伙伴”动检确认车从石家庄出发，驶向北京西，为京广高铁探路。

凌晨6点左右，袁国慕驾驶动检确认车到达北京西站，一路上并未发现线路异常，确认结束。有了袁国慕的确认车做保障，石家庄和北京

之间来往的高铁就可以按照列车运行图正常开行了。

袁国慕说，确认车虽是真正的动车，但车上并不搭载旅客，仅有三四个负责确认线路状况的铁路工作人员。通常情况下，车上有一名确认车司机负责驾驶列车，一名机械师负责检修故障，一名工务部门的检测员负责向调度报告线路经过区段的天气情况、线路条件，一名供电部门检测员确认线路接触网上是否有鸟窝等异物。

为确保高铁安全万无一失，袁国慕这样的确认车司机每天都要在高铁正常运行前开车“巡逻”一遍，这个过程称作小动检。每个月和季度，全国铁路还会统一调配高铁检测车，由中国铁道科学研究院集团有限公司的专业检测员为高铁做一次“大动检”，对整个线路、接触网等信息进行计算机数据采集。

注意力必须时刻高度集中，才能看得见“雷”

确认车要为正班高铁运行“蹚路”，确认车上的司机就必须是“身经百战”的高铁司机。

2011 年起，袁国慕开始驾驶确认车。现在，工作经验丰富的他已经是一名动车组指导司机。车队里 21 名高铁司机，袁国慕都要上心，定期向大家做一些业务指导，提示司机们把握驾驶状态的一些注意事项等等。遇到“大动检”的时候，也需要袁国慕这样的指导司机亲自上阵，确保动检运转安全和检测质量。

在袁国慕看来，确认车司机责任重大，这条高铁线路上一天的运输任务都要依靠确认车先行探路。一次，袁国慕驾驶确认车在京津城际铁路巡检，感觉车体剐蹭到一个异物，但由于当时车速太快，难以确认异物种类。他立即停车，通知调度紧急检修，修好之后，为了不影响正班高铁开行，他们片刻不敢耽误，立即重新开车。回到检修库中仔细查看才发现，车体前排障器，原来是线路上有一根钢筋，把机车挂了一个槽，将车内行车设备 ATP 的线拽断了。袁国慕将仔细检查后的情况报告至调度部门，第一时间将线路上存在的异物清理了，成功地为当天的高铁运行“排了雷”。

同样是为京津城际铁路“蹚路”，一次，袁国慕遇到了大风天气。狂风将上下行线路中间的防雨层掀了起来，落在了袁国慕行驶的线路右侧，他马上降低车速，通知调度部门割掉了防雨布，又一次“排雷”成功。

“遇到这种情况，考验的就是确认车司机的反应速度和应变能力，只有司机时刻注意力集中，才能看得见‘雷’，还要及时撩闸，才能保证驾驶安全。”袁国慕说起这话，眼睛中都是一副“排雷”专家特有的专注。

类似因为大风天气影响高铁沿线道路安全的情况袁国慕遇到不少，有时候，他不仅看着自己这边的行车路线，还会关注到对面邻线的路况。一次，袁国慕行驶在京广高铁黄河大桥处，看到一块三四米长的塑料布飘到了对面上行方向的接触网上，袁国慕向调度反映了这一情况，及时排除了一处故障。

“排雷”时间长了，袁国慕也总结出了经验。春天，风急风大，树木的叶子还没长全，树上没有遮挡物，高铁沿线农户家的塑料布经常会吹落至接触网、轨道上，因此这个时候，自己作为确认车司机，更要打起十二分的精神，用鹰一样的眼睛盯控线路两旁的异物，一旦有所发现，就要及时向调度部门汇报，为后续正班高铁运行保驾护航。

作为动车组司机，对驾驶人员的身体和精神素质要求都很高。袁国慕介绍，在驾驶动车组的过程中，司机脚下有一个警惕装置，司机每30秒必须踩一下警惕装置，否则列车就会自动停车。这需要司机时刻保持高度的注意力。驾驶前，单位会安排强制休息；开车时，遇到阳光好的时候，光线太足容易犯困，司机就带上墨镜；平时，多用湿毛巾擦擦脸，自己口中喊一些作业用语，比划一些驾驶手势等等。

袁国慕觉得做好一名动车组司机，最重要的还是责任心。“我觉得对我们高铁司机来说，责任心是最重要，干好干不好，完全取决于你的责任心。责任心是对列车安全最基础也是最重要的保障。”

“魔鬼训练营”打造出的高铁司机

没有一个人不经过千锤百炼就能在一个领域里作出成绩的。袁国慕现在是高铁司机、确认车司机里的“老师傅”，事业风生水起，但在10年前，他却有过一段“师傅不当，当徒弟”的特殊经历。

袁国慕1974年出生，1994年从太原铁路机械学校毕业后在石家庄电力机务段工作，一开始做货车副司机，后来做客车司机，跑石太线。

2008年8月1日，我国第一条设计时速350公里的高速铁路京津城际铁路开通运营。之后，越来越多的高铁奔驰在祖国广袤的大地上，衍生出了一系列为高铁服务的工种，高铁司机就是其中一种。

“2008年的时候我们听说招考高铁司机，我就有一种强烈的直觉，我该去报名。”袁国慕说，当时北京机务段有500多名火车司机报名，竞争相当激烈。他也曾咨询过自己的师傅，师傅和他看法一致，都认定高铁是中国铁路的发展方向，应该去尝试驾驶新车型。

这一年，34岁的袁国慕已经在铁路工作了14年。他当时驾驶的是韶山一型电力机车，并且已经是段里的司机师傅，开始带徒弟了。考动车组司机，就意味着抛下14年的工作惯性和职业积累，从头接触全新的动车组。

当时袁国慕的妻子对他要做动车组司机的想法有些存疑，妻子说：“你这是师傅不当，当徒弟啊！”

“对，我当时不仅不是师傅了，而且是一个什么都不懂的学员，一

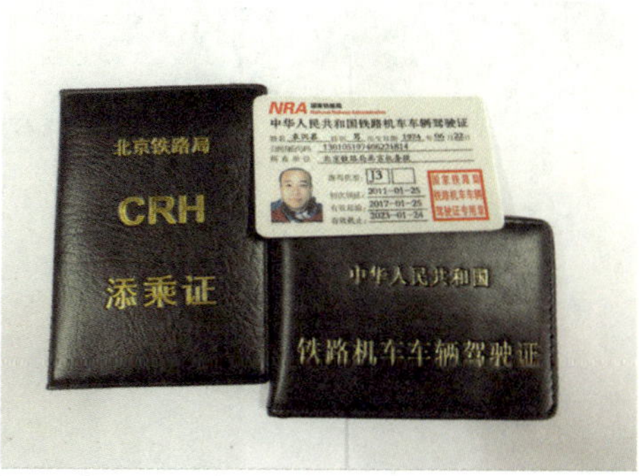

切都要重新开始。”就是抱着想做动车组司机的愿望，袁国慕与原单位石家庄电力机务段解除了合同。在学习动车组驾驶的那一年里，他的工资还不到原来的一半，并且还要离开家乡石家庄，到北京学习。

2009 年，北京机务段 30 多个人在北京东的动车司机职教部集训。

“集训强度大，当时真是顾不了家，那时候我父亲身体不好，常年卧床，孩子还小，家里正是需要人照顾的时候，但是我想，自己已经开始参加集训了，就要快速适应，于是鼓足了劲儿地和师傅学技术、学规范。”袁国慕说。

当时在北京的集训被一起学习的学员们称作是“魔鬼训练营”。集训开始的时候正是大年初二，封闭式训练，谁都不能回家。每天都有京津城际铁路的指导司机为学员们讲规章、讲技术。

给袁国慕这一期动车司机学员培训的是当时北京铁路局北京机务段动车组教培主任李东晓。李东晓是“中国高铁一号司机”。2008 年 6 月 24 日，李东晓驾驶“和谐号”动车组列车在京津城际铁路试运行中创造出当时的“中国铁路第一速”。作为教培主任，李东晓在封闭训练的近两个月里和学员们同吃同住，训练时更是一丝不苟。

为了让高铁司机坐在驾驶室里“坐有坐相”、为学员塑形，李东晓就给学员们准备一块木板，让他们背在后背上，用护腰一系，驾驶时背就挺得笔直。“当时我们的训练老师都特别务实，一门心思要把我们培养成最好的高铁司机，我觉得这就是一种高铁精神。”

动车组列车在北京动车段整装待发 / 刘坤弟 摄

袁国慕和三十几个学员一起白天学习、晚上背书，第二天接受考试之后接着学新内容，车轮战似的勤学苦练。用他自己的话说，那个时候最苦，但学习效果也最好、吸收得最快。

袁国慕和身边一起参加培训的学员们可谓背水一战，大家情况相似，都是为了做动车组司机抛开了原有的工作。因此，大家拧成了一股绳，卯足劲儿地学，谁的思想松动了，就相互鼓励。

“那时候正月里下大雪，我们早上 4 点多就起来到北京站坐最早一班公交车去北京南的集训地练车。谁起不来了就互相叫一声，走在路上也排着队，不让雪滑到了。”袁国慕体会到，一起受过苦熬出来的友谊，回想起来才格外的甜。

学员们互相鼓励，老师们也亲力亲为、做足了表率。在这种精神的鼓舞下，袁国慕顺利通过考试，成为了一名动车组司机。

将心比心，尽可能驾驶得让旅客舒服

2010 年，袁国慕开始在石太客专驾驶动车组列车，刚开始是做二位司机，辅助一位司机驾驶。2011 年，袁国慕来到了京津城际铁路，正式单飞，驾驶动车组列车。

采访中，袁国慕总是强调一个“控制时速 35 公里”的参数。高铁列车速度快，到车站进站前，很多司机容易把握不住驾驶速度，而进站前的这一段距离，绝大多数旅客开始离开座位，收拾行李，要是控制不住速度，很容易加大车体晃动幅度，不仅影响旅客的乘车体验，而且可能带来旅客站不稳、摔倒等风险。

别看袁国慕在驾驶室里不与旅客接触，可他驾驶动车组的每一刻，心里都装着旅客。即使已经独立驾驶动车组这么多年，袁国慕始终记得师傅李东晓说过的话。他提醒学员，有机会就去列车尾部坐坐，司机如果掌握不好速度，列车就会晃动，而车尾的旅客感受是最明显的。

因此，只要是袁国慕担当的动车组列车，他在进北京西站之前一定把列车速度控制在时速 35 公里以下，让旅客更舒服一些，也降低旅客摔倒的可能性。

“将心比心，我只当是自己或是朋友家的老人坐在我的车上，有这个念想，我就要尽可能地驾驶得让旅客舒服。”

控制速度说得容易，但驾驶起来绝对是堪比绣花的技术活。逐级降速、标准对标、控制好手中的车闸……袁国慕就是这么一点一点地耐心练，要的就是列车时刻表上是几点到站，自己驾驶的动车组就能一分不差地精准停靠，要的就是旅客平稳舒适的乘车体验。

从 2009 年接受高铁司机培训，拿到动车组司机驾驶证到今年，袁国慕已经做了 10 多年高铁司机了。10 年里，袁国慕驾驶高铁的时间越长，越觉得自己当初放下已有的成绩去做“徒弟”的选择是正确的。

他骄傲地回忆，自己在京津城际铁路驾驶高铁时，VIP 室内一个外国旅客曾经痴痴地盯着他看，到达目的地后还给他比了一个赞许的“OK”手势。一次，他和妻子在石家庄站遇到了自己曾经的一个老同学，老同学现在在跑长途运输，看到拉着黑干箱，走得笔挺的袁国慕，投来羡慕的目光。自己出乘时，经常听到旅客对孩子说：“你看前面走着的高铁司机叔叔，多神气！”……袁国慕知道，这些都代表了外界对中国高铁、对高铁司机的认可。“有了这些肯定，我值了！”

阳光男孩和他的爱

很多人难以置信，可这就是事实：一个阳光帅气的90后，一个充满活力的小伙子，整天与高铁列车上的集便器打交道。他却无怨无悔，乐此不疲，为的就是能让广大旅客方便更方便。

采访对象

田荘，郑州动车段郑州东动车所整修一组工长。

扫一扫，观看采访田荘视频

小伙子名叫田荘，1994 年出生，白白净净的，脸上总是笑眯眯的，非常阳光，说起话来还挺腼腆。虽然参加工作才 3 年多，但已经成为了一个大明星，他的职场故事多次被中央电视台报道，甚至有媒体称他“掏粪男孩”。

一个阳光帅气、充满活力的 90 后，怎么跟掏粪打上交道了？他又是怎样无怨无悔、乐此不疲呢？田荘说：“为的就是能让广大旅客方便更方便。”

一开始也不情愿干，躲得远远的

田荘的父母是做生意的，不在铁路上工作。上高中时，小田曾有跟爸爸做生意的想法。考大学的时候，因为学习成绩不是特别好，当时又特别想去学修车，希望以后自己当老板开个修车店，但是因为有个本家叔叔在铁路上班，父母觉得铁路是铁饭碗，就让他报考了郑州铁路职业技术学院学铁道车辆，没想到 2015 年毕业后就进了郑州动车段。小田说：“之前在我的印象里都是绿皮火车之类的，感觉动车特别高大上，那时候很少坐动车，对动车段比较向往和憧憬。”

入职头半年，主要是业务理论学习，要求比较严，半军事化管理，学完就参加各种考试，考完后去外地培训，再到车间实习。记得是2016年年初，一天突然下大暴雪，车底下全部是冰，小田他们那一批人连夜被派去除雪，那之后就正式步入了车间。

小田最开始心里暗自庆幸，被分在综合组，负责设备管理、工具管理等工作。可是好景不长，三个月之后，他被调到整修组，一直上夜班。早就知道动车段有掏卫生间的活，“到整修组后，挺担心的，让我去干掏卫生间的活咋办?”小田说当时心里真接受不了。

在整修组，师傅们先是教一些车内服务设施的简单故障处理。用了两三个月都学会后，小田的工长开始带着学习功能性故障的处理，除了业务知识学习，也包括清理卫生间的脏活。

“当时，我也特别不情愿干，毕竟是又脏又臭的，都是工长也就是我师傅去处理这些脏活，我就站旁边打个下手。师傅因为心疼我，不想让我接触这些脏东西。”小田很敬重他的师父，当兵退伍过来的，30多岁，在这已经干了十多年。小田记得，“那是2016年7月，第一次进入卫生间，第一次打下手。夏天天气热，气味特别大，师傅在那干着，我就在旁边看着，师傅要什么东西，我从背后递什么东西。有时候卫生间里面的水直接溅出来，弄到手上和胳膊上哪哪都是。一个活儿干下来衣服全湿透了。”

人总得成长吧，我不能总当小跟班

一段时间过去，小田觉得自己不能老这样，“师傅能放下自己的身段去干这些活，我怎么就不能？师傅教会了我，我不能一直站着看，总让师傅去干，这太不合适了。尽管师傅不舍得让我下手，我也不能总当小跟班，人总得成长吧。”

思想开窍了，小田就开始接受这些东西，也慢慢自己干了。小田说，“我把防化服袖子剪断往胳膊上一套，手套戴了三层，我戴一层手套缠一层胶带。处理完一个卫生间，就赶紧洗手，天热嘛，手在里面捂着都是泛白的。”

最开始处理的卫生间故障都比较简单，下手直接一拽都能拽出来，稍微好弄些。有次是矿泉水的瓶盖卡住了，田莊用手扣半天扣不出来，手套也烂了。他就赶紧换手套，手套用完了，他就换塑料袋，其实当时可以回班组拿这些东西的，但是因为给的检修时间只有一个小时，为了不耽误时间，他还是横下一条心，决定空手直接去掏。

这是小田第一次空手掏异物。弄完以后，他赶紧去洗手。他记得，“一连洗了七八遍，我的手还是臭，真的到了饭都不想吃的程度。到家后继续用洗手液洗，找 84 消毒液兑水泡手，最后总算把臭味泡掉了。不过，干多了，自己也就习惯了。”

田莊认为首先要学好自己的业务，这是最起码的。如果不学会的话，就可能会拖大家的后退。所以聪明的他非常好学，处理各种故障的能力越来越强。2016 年底，工长就让他当小组长，开始自己带徒弟了。那时候，大部分新人年龄都跟小田相仿，都是 22 岁左右。他们刚开始干活不太熟练，有时一个小时之内干不完，所以很多时候小田都是自己干，让他们在后面看着。这也是师带徒的好传承吧。小田说：“之前我师傅心疼我，不想让我干这些脏活，我看着新人和我当时同样的感觉，我也不想让他们一来就直接下手去掏卫生间，大部分都是我自己干。后来活儿多了，我一个人也干不完，就开始开导他们，带着他们一起干，

一块处理这些功能性故障。”

作业都是有程序的。车进来先无电一个小时，然后再有电一个小时。晚上检修任务量比较大，如果经常延时完成可能导致后续要检修的车进不来，造成列车晚点，后面会特别麻烦。规定要求一个小时之内完成，让这些故障及时反馈过来，每天从信息化系统就能查到哪些车有什么故障等等相关信息。作业人员提前到岗，就是为了提前做好各种准备工作。

厕所底下有一个直径较大的桶状中转箱，中转箱中间有一个大口，把那个盖板拿掉以后，才能下手去掏那些脏东西。小田说："打开中转箱罩板的时候，我们一般拿塑料袋，在下面垫好，提前把脏东西接出来。如果有异物堵塞，水就下不去，中转箱几乎都是满的，如果你开盖不太熟练的话，经常会把水溅出来，流得哪都是。那个味特别难闻，有时候离太近，都会有窒息的那种感觉，呛人，辣眼睛。夏天的时候，掏卫生间，那水都是热的。"

小田说："我要起带头作用，需要教他们一些东西，也必须亲力亲为去干，他们看到眼里，再加上我的开导，大家才会慢慢地消除抵触的思想。"为此，小田还在墙角放了一个小筐，把每次处理故障掏出来的瓶盖之类的东西存起来。看到满满的一箩筐，大家都挺有成就感的。

倡导文明用厕，故障率下降了很多

为什么卫生间的故障这么多？为什么卫生间天天都有堵的？很多人都处理过这类故障，但是天天去淘粪。谁心里能不觉得别扭呢？没办法，总要有人去干吧。小田说，"我在家也是娇生惯养的，什么活都不干，一来单位就干这样的活，说心里话，我也不想总干这样的活。”

怎么办呢？小田的脑子快速转动起来，“我们90后接触的东西和80后接触的东西是不一样的。我们接触的更时尚，思路更开阔。”大家琢磨把年轻人的这种思维方式、方法和脑子里的新科技结合，从源头上来提高国民的素质、旅客的素质。

于是，田荘联络了几个有特长的职工，会做动漫的，会拍视频的，会唱歌的，都聚到一块合作，通过制作异物从管道冲出来的一个流程动图，把设备结构原理描述出来，配以文字，制作宣传小卡片，利用工休时间，送到车上，讲给旅客听，争取旅客理解。

有的旅客听了他们的讲解之后，都十分震惊，平时没有这个意识，感觉不可思议，不曾想到扔了一个小瓶盖，把车给堵了。小伙子们通过这种最简单的方法，倡导旅客文明用厕，减少故障。让旅客意识到自己一些不经意的举动，可能会对这个动车检修秩序造成影响。他们的宣传很有成效。

他们还发动亲戚朋友，把制作的动图推到微信公众号，或发到自己的微信朋友圈里去，广而告之，希望有更多的人能看到。只有旅客明白了这个原理，才能警醒自己以后坐高铁时注意，就把这个源头给掐死了，我们工作量自然就减少了，卫生间也不堵了，路上旅客用厕也比较方便了。

很多职工看到微信朋友圈后，都纷纷点赞，甚至留言称他们的做法好。也有留言说中国高铁发展速度很快，高铁旅客的文明素质要跟上去，呼吁人人从自己做起，做个文明的人。

小田他们的做法得到了单位的支持。经过一段时间的宣传，收到了良好的效果。厕所故障率大大下降，像因为异物堵塞造成的卫生间故障相较之前大概下降了三分之二。

田荘说:“我被分过来以后，我身边有很多朋友，都是动车组机械师，但是我们岗位不同嘛，有时候我们比较好开玩笑，会说掏粪男孩啊就是这样子的，名字就慢慢传出去了，成了好多新职工的偶像。”

有时候在车间里干活，2018年来了几百个人，有的人特意找我，跟我聊。前几天跟班组聊天的时候，班组还说，他的同学在别的站段，还向他询问，单位是不是有一个叫田荘的掏粪男孩啊。

得到大家的肯定，小田心里挺自豪挺乐呵的。

动车机械师怎么成了掏粪男孩

其实，机械师是一个统称，我们都是机械师，车间有好多班组，分工不同。整修组只是负责车内的服务设施，像一级修、二级修、探伤这些工种，科技含量高一点，尤其是探伤看轮对用超声波，挺高科技的。

“当时，我家里人不知道我是处理卫生间故障的，跟家里我很少说我工作，父母觉得，我选择动车嘛，都是检修方面的，没想到还要下手掏卫生间，媒体报道以后我爸才知道。小田家在郑州，条件还可以，在家里面碗筷都不会洗。进了单位之后干这些活，我父母没法接受，特别是爸爸很心疼他，他以为孩子在动车段，这样高大上的一个行业，应该干的是高科技，没想到是掏粪，我父母跟我说，要是接受不了就不干了，换个岗位或者换个工作。我就去开导他们。我毕竟当时干了有两年吧，思想上有一些变化，既然选择了这样一个职业，我肯定就要好好对待，也不能说自己做到多优秀吧，至少要体现出自己的价值。有些活，你不去干，别人也不愿意去干，但总得有人去干。我爸妈觉得我在那一年里成长了，懂事了很多，最后都很支持我。”

小田现在也有对象了，家是驻马店的，自己在郑州一所小学教体育，刚开始跟她谈对象的时候，还在处理那些故障嘛，我女朋友家里是接受的，她看过电视报道，我们俩谈的时候她就知道。小田说："我女朋友一开始老说，离我远点，你身上有点臭，有的时候，因为掏卫生间是用右手嘛，还不让我用右手去牵她，不过后期因为我经常跟我女朋友讲我们工作环境、工作量啊，她也能理解我，慢慢地也不嫌弃了，还很支持我。"

有时候去女朋友学校，她们校长也认识小田，经常会跟他女朋友开玩笑说，"让你男朋友上电视也说说咱们学校，把咱们学校也推荐推荐。"

田荘大学同班同学里面，没有跟他干同样工作的，一开始也被同学们嫌弃。因为接触的卫生间功能性故障比较多，也经常跟厂家请教，卫生间里的故障对小田来说，是小菜一碟，都能处理，所以自己挺自豪的。跟同学们朋友们出去吃饭聊天时，也会给他们讲这些东西，然而朋友们都会嫌弃地说，"吃个饭，你聊这些，一会儿都不吃了。"朋友们有时候也会逗他，问他最近又掏卫生间了。而他也会开玩笑地回敬一句："一点觉悟都没有。"

小田觉得自己的双重人格很明显。生活中是一个样，属于挺幼稚的那种；但是一进单位又是一个样。平常跟朋友出去玩儿都是嘻嘻哈哈的，但是工作中一般很少笑。他觉得一进单位就需要严肃起来。因为是干铁路的，安全特别重要，需要专心专注，不能儿戏。所以他在单位里面，也很少跟人聊天。

对于人生，他也有自己的见解。有的人可能觉得在单位混混，然后一辈子就过去了，他觉得要实现自己的价值，“我要让很多人知道我田荘很能干，我能处理好很多故障。你碌碌无为是一天，你学会技能以后带别人了，也是一天。而且你教会别人东西了，你自己还会有特别的成就感，把自己价值体现了，多好！”

2018 年 2 月工作才三年多的田荘，就当上了工长，而且是动车段最年轻的工长。田荘说：“没当工长时，一般都是晚上七点半准时点名开始做夜班，早上六点左右的时候，作业结束就可以下班了，现在当工长以后，一般我都是晚上七点到单位开会。开会完以后回班组，再把当晚需要注意的一些重点事项和工作分配一下，早上七点再开一个早交班会，把当晚的作业情况，需要领导协调的一些事情，给领导们报告一下。”

怎么带好这支 30 多人的队伍呢？小田说，之前学的很多都是业务技能，现在接管班组了，要把管理方面的知识好好学学。自身能力提升了，才能带动更多的人去学习技能，要让大家都能有一种向上精神。这样不光是对我们个人的成长有利，对工作都有利。我们是一个比较年轻的团队，如果大家都能思想上进，有觉悟，那动车段的发展就会越来越好。

座椅里的技术含量

加班，加班，总不回家，老妈妈常常问，到底忙什么呢？直到有一天，从电视里看到他领奖的画面，老人才知道儿子原来是个创新大师。

采访对象

胡小宁，北京动车段设备车间工班长。

扫一扫，观看采访胡小宁视频

“终于知道你为什么这么忙了！”2018年4月28日，看到儿子从全国五一劳动奖章颁奖现场传回的微信图片，胡小宁快80岁的老母亲瞬间泪眼婆娑，一个劲儿催促儿子近期回趟家，说要张罗一桌子好菜犒赏他。得到母亲这般“宠溺”，已经49岁的胡小宁一时不知说点什么好，只是让母亲好好保重身体。

胡小宁是中国铁路北京局集团有限公司北京动车段设备车间的一名工班长，是该段“胡小宁创新工作室”的带头人，不善言谈的他又一次因获奖成为同事眼中的“红人”。

技术能手、先进工作者、标准化职工标杆、动车组十大技术标兵、北京国资委系统优秀共产党员、京铁工匠、首都劳动者奖章……2008年开始接触高铁列车设备检修以来，胡小宁获得的荣誉有一箩筐，但他十分低调，笑称“很多好事都没有告诉母亲”。尤其值得一提的是，2018年初，他成为中国铁路总公司评选出的2017年度99名“铁路工匠”之一，变身200多万铁路职工的技术标杆和榜样。

“我的想法很简单，就是干好本职工作，为旅客温馨出行多出点力。”谈及未来的打算，胡小宁依然谦逊、务实。

心中只有一个想法，就是为旅客修好车

高铁列车座椅无法转动复位，怎么办？经常使用的小桌板损坏了，怎么办？餐车微波炉线路烧坏了，怎么办？公用厕所管道堵塞了冲不开，怎么办？……在运行过程中无法解决的问题，需要等动车组入库后，由像胡小宁这样的幕后“铁路工匠”来解决。为保证高铁运行绝对安全，大的列车部件需要从厂家购置或者返厂维修，“胡小宁创新工作室”的主要关注点是维修一些不影响运行安全、能够降本增效的小配件。可别小看小配件，其中照样能挖出“大效益”。以往，一个高铁列车座椅损坏后，实行的是换件修，换下来的座椅就得报废，胡小宁带领技术人员反复琢磨、试验，只花费几百元就实现了“废物再利用”。2015 年至今，他们已经修好了几百套高铁列车座椅，既为企业节省了大量采购费用，更保证了旅客乘车的良好体验。

胡小宁1969年出生于北京市怀柔区，从小就养成了踏实认真、精打细算的习惯。他上高中和中专期间酷爱物理，特别是电路，1991年从技校毕业后天遂人意地进入丰西电力机务段工作。直到2007年底，他被抽调到北京动车段，开始与高铁结缘，受命担任高铁设备维修的工班长，此后又先后担任高铁检修的技术员、车间副主任等职务。其间，他一直如饥似渴地学习高铁设备维修方面的相关知识，到现场学、跟厂家学、进培训基地学，光笔记本就记了十几本，心中只有一个想法，就是为旅客修好车。

2015年，是一个新的开始。考虑到胡小宁此前8年高铁设备维修效率和维修能力全段最优的表现，北京动车段决定以他的名字命名组建全段首个职工创新工作室，胡小宁成为专职负责工作室技术研发工作的“领头雁”。当时，段上只确定了“围绕故障率高、成本支出大的设备开展研发”“实现全段每年降低维修成本300万元”的目标和任务，具体的研发项目由工作室自定。

古人云：“君子之学贵一，一则明，明则有功。”看到不少发生故障的高铁列车座椅躺在库房里“睡大觉”，换新的座椅费用又高，胡小宁觉得很心疼。胡小宁集中精力，把首个研发项目放在故障率排名高、维修成本大、占用维修时间长的高铁列车座椅固定止挡损坏这一问题上。高铁列车座椅的连接核心部件，是一个横于座椅下方、鸡蛋般粗细的空心铝合金圆柱，其他的零散部件密密麻麻地铆接在这个圆柱上，其中向下的两个金属挡块就是用于确保座椅旋转到位的固定止挡。受座椅换向频繁、转动过猛等因素影响，固定止挡折损时，常常会把空心圆柱“撕”出一个大窟窿。这些金属部件是一个超硬度合金铝材质的整体结构，钻孔、焊接等传统加固方法均不起作用，按照厂家的说法就是“整套换新”。结合之前自己提出的“戴假牙套”维修方案，经过一个多月的摸索，胡小宁终于完成了这项“高铁座椅固定机构改进”的课题研究，初战告捷。

“其实就是把一套替代元件分别固定在座椅旋转架和固定架上，既加长了抗冲击力的力臂，又通过替代元件的安装座，把冲击力传到整个框架上，这样固定机构就不会再出现故障，使用寿命也延长了。”胡小宁说得轻松，但研发过程的个中滋味恐怕只有他自己能够体会。

虽然上学时积累了不少电子知识，胡小宁还感觉不够，攻下“高铁列车座椅”这一关口后，他又将工作重心转移到高铁列车电器集成电路上。高铁列车上有微波炉、监控器、电茶炉等电器20多种，且都是集成电路，一旦发生故障，最重要的就是在集成电路板成百上千个电子元件中找出问题元件。胡小宁潜心攻关，找到了一个“万金油”的法子——电器功能模块查找方法，对集成电路各个功能相对应模块的电子元件进行逐一测试，挑出那个“蛀虫”。只更换一个电子元件就能修复电器，成本大大降低。

家庭的支持给了他前行的动力

远离市区，位于北京市南五环附近的北京动车段少了几分喧嚣。进入驻地大门，还要下坡、过桥洞、上坡，走一段崎岖不平的土路，七拐八拐，才来到这个段设备车间机加工室门前。这还不算完，又辗转穿过 3 道大门，颇有些“山重水复疑无路”的感觉，“胡小宁创新工作室”才展露真容。宽敞明亮的工作室占地大概 2000 多平方米，电磁阀维修间、水龙头维修间、座椅维修间、微波炉维修间、钳工电工实训室等八九个“格子间”分两队排开。维修间里整齐摆放着微波炉、座椅、门锁等物品，有的故障物品静候修理，有的修好了等待“重新上车”服务旅客。

2018 年 5 月 12 日是个周末，胡小宁正在屋子里鼓捣一台出了问题的微波炉。微波炉被“大卸八块”，各种零件摆满了桌子，红色、黄色、蓝色等各种颜色的线路让人眼花缭乱。“我们这个工作室一般不对外开放，10 名成员刷卡才能进入。有这样一个安静无打扰的活动区域，加之段上的资金支持，我们能够静下心来搞技术创新。”胡小宁笑着说，“工作室成员平均每人能分 200 多平方米，这在寸土寸金的北京可不简单啊!”说话间隙，他还打扫着走廊里的卫生，像对待自己的家一样用心。

“我是上错花轿入对行。”胡小宁风趣地说，由于高中时期被老师发现有体育特长，他原本想走体育路径，争取成为一名优秀运动员。不过，当年他的脚不小心扎伤了，没法如期参加体育考试。机缘巧合下，胡小宁上了铁路技校。更令人没有想到的是，他如同鱼入大海，在铁路特别是高铁领域表现得游刃有余。

这一切或许都源于胡小宁有一颗甘于寂寞的心，一步一个脚印做好本职工作。从普通工人到班组长，从一级修工长到技术主管，多年来，

胡小宁一直坚持尽心尽力把自己“责任田”里的活干好干精。“刚开始我只是想养家糊口，也没有想成为创新工作室的带头人。”他说，“普通工人应该干什么、班组长应该干什么，首先做到‘守土有责’，能做到超前那就更好了。一个人最重要的就是明确自己的职责范围，然后才能在相应的舞台上大施拳脚。”

既来之，则安之。选择铁路后，胡小宁逐渐习惯了加班加点的工作节奏，有时甚至会四处奔波，但他依然甘之如饴、苦中作乐。工作忙的时候，他几个月都无法回一趟怀柔看老母亲，照顾老母亲的责任大都落在自己妹妹肩上。老母亲和妹妹多有抱怨，他只好一次次地赔不是。“对于儿子，我也有些亏欠，他小时候我照顾得少。好在他自己比较争气，考上了北京大学，还找了份不错的工作。”胡小宁话语中有几丝哽咽，“媳妇在社区工作，也比较忙，曾经跟我一起风风雨雨租房 10 年，对我一直十分支持。”家和万事兴，家庭的支持给予了胡小宁前行的动力，让他不至于过度分心。

相比工作时的“大房子”，胡小宁住的还是单位分的一套37平方米的小房子。虽然空间逼仄，但他依然对单位心存感恩。从住处到单位，他每天骑电动车往返，单程大概需要三四十分钟，笑称“不用担心堵车”。“虽然我只是个工长，职务、收入都不高，但与技校毕业的同学相比，肯定不算最差的。”胡小宁的话语中透着乐观。

此心安处是吾乡。胡小宁以企为家，走出了一条“星光大道”。

学好高铁列车修理技术，让外国人刮目相看

“滑阀”“蝶阀”“车钩触发器”……在展示柜前，胡小宁如数家珍般，十分自豪地介绍着工作室取得的成果。为了把技术说明白，他会很形象地用大白话耐心解释，就像是电视剧里的演员，亦庄亦谐，收放自如。据介绍，3年来，胡小宁和团队成员围绕难点开展技术攻关，自主研发工具工装及维修检测试验平台，先后取得动车组电磁阀维修、电茶炉控制箱修复、坐便器滑阀蝶阀维修、座椅止挡和靠背螺栓改进等30多项成果，其中20多项成果获得技术创新奖，实现了对各型动车组座椅、微波炉、电控箱、水龙头、电磁阀、边凳等多种配件设备的自主维修，累积“挤”出效益2000多万元。

授人以鱼，不如授人以渔。深谙此理的胡小宁针对便池设备修理等方面总结提出作业法，为司机室的阅读灯、座椅等设施检修流程确定标准规范，参与制订《3C一等座椅铁止挡脱落故障修复作业指导书》等作业指导书20多项，俨然成了“首席专家”，让“奇思妙招”在北京动车段生根发芽、开花结果，营造出“降本增效人人参与”的浓厚氛围，

带动大家一起“强基达标、提质增效”。

“平均一个月一项科技成果，工作室的效率还是比较高的。”胡小宁颇感自豪，“很多新型高铁动车组都会优先配属北京动车段，我在这里开了眼界，接触过的车型十分复杂，现在几乎可修任何‘和谐号’动车组的配件。”

俗话说:“属鸡的人好斗。”胡小宁属鸡，也有一股不服输、好奋斗的劲头。早在2008年，胡小宁所在班组负责京津城际列车的一级修。当时，遇到关键问题的处理，外国技术人员常常把他们支走，怕中国人学技术。“这深深刺激了我，我下决心学好高铁列车修理技术，让外国人刮目相看。”胡小宁说。到现场“偷师”学艺、从厂家要资料、与班组职工交流摸索……胡小宁把能用的办法都用上了。“我是工长，职工会的我必须会，职工不会的我也应该会。”说起当时的心态，胡小宁记忆犹新。

胡小宁学历不高，却凭着奋斗开辟出了一片蓝天，在平凡岗位上实现了“专注 + 专心 = 专业”的华丽转变。“胡师傅好像练就了一副火眼金睛，常常一下就能看出问题的症结所在。”北京动车段职工李博如是评价胡小宁。

2012年的一天，北京动车段的一名随车机械师发现动车组有个车厢两个厕所都无法排污，推测是球阀坏了。折腾一番后，随车机械师没有解决问题，只好求助于厂家。“厂家说只能等到列车三级修时拆下污物箱、卸下球阀，然后更换新件。”胡小宁讲起当时的情景，“我觉得厂家的方法有点矫枉过正，没有必要卸下球阀。等列车回库后，我带人到现场试着分解球阀，更换个别损坏零件，然后再将球阀重新组装好，只用了半个小时就搞定了，省时省力还省了钱。”

2013年春的一天，工作人员在一列即将出库执行重要任务的动车组上发现厕所堵塞。“前期经过了几道仔细检查修理，怎么可能出问题呢?”胡小宁心里直嘀咕。他迅速放下手头工作，赶忙登上列车“查看病情”。按照自己总结的“秘籍”，他一个步骤一个步骤捋、一个环节一个环节查、一个部件一个部件筛，三下五除二，不一会儿就找到了“病因”——有人将吃剩的骨头扔进了便池中，他熟练地开出了“药方”，又避免了一场可能换车的事故。

美国作家马克·吐温曾说：“只要专注于某一项事业，就一定会做出使自己感到吃惊的成绩来。”胡小宁反复说，自己的专注和努力只是成功的必要因子，企业搭建的平台也是至关重要的一环，“个人努力+组织支持”形成良性循环，成功自然水到渠成。

采访结束时，时针已经指向下午4点，胡小宁还要回工作室研究点东西，一如既往地乐此不疲。设备车间机加工室门前有一块小菜园，各种蔬菜一畦畦、一垄垄、一行行，长得正旺，期待“胡小宁创新工作室”的创新成果也不断扩大拓扑区，愈发茂盛，愈发耀眼。

一列复兴号动车组列车驶出天津动车所 / 杨宝森 摄

幕后的风采

- 给你一个贴身售票网
- 平顺的另类守护
- 黎明前为你蹚路
- 领跑速度的“神经中枢”
- 新地标带来新体验
- “三高”动力源

给你一个贴身售票网

这位与“中国铁路之父”詹天佑同乡的农家少女，第一次去坐火车，兴奋不已，可到车站看到黑压压的购票人群时，好心情立刻跌到了谷底。谁能想到，20多年后，她正以“最强大脑”构建国人的信心。

采访对象

单杏花，中国铁道科学研究院集团有限公司首席研究员、电子所副总工程师兼 12306 技术部主任。

扫一扫，观看采访单杏花视频

20多年前，在“中国铁路之父”詹天佑故里江西婺源，一位名叫杏花的农家少女走出大山，踏上遥远的求学之路。第一次坐火车，火车站里人山人海的排队购票场景让她感到震撼。她没有想到，数年之后，网购车票消解了她记忆深处售票大厅里的人山人海，而她自己为解决旅客购票难题奉献了20多年的青春，被誉为“车票网购背后的巾帼英雄和最强大脑”。

从农家少女到“最强大脑”，她就是中国铁道科学研究院集团有限公司电子所副总工程师兼12306技术部主任——单杏花。她的故事，是中国铁路发展变化的缩影。

第一次与铁路邂逅，并不是美丽的约会

2019年春运，乘坐火车出行的旅客超过4.1亿人次，这个数字比美国、加拿大的人口总和还要多。

尽管客流量再创历史纪录，但是大量特警维护购票秩序的现象消失了，尤其是旅客，不用像以前那样顶风冒雪、通宵达旦地排长队买票了。

大家只要轻轻松松动动手指，就可以在网上、手机上快捷购票。

在20多年前，这是难以想象的奇迹。17岁就走出家门的单杏花，是这个奇迹的见证者，也是开创者。

“第一次与铁路售票的邂逅，并不是美丽的相约。”谈起与铁路的初次见面，单杏花嘴角泛起一丝苦笑。1991年，她考上西安一所大学，在妈妈的千叮咛万嘱咐中，从小山村来到80多公里外的景德镇火车站，“这是我第一次出远门，第一次坐火车，车站广场上黑压压排队购票的人群一下子让我的心情跌到了谷底。”

排了一天一夜的队，单杏花终于买到第三天的车票。而当春节过后，她与同学再次从火车站返回学校时，干脆放弃了排队购票的念头，“那时春运根本买不上票，我们就只好从离火车站还有一公里远的一个涵洞里走到铁路线上，沿着钢轨一直往车站里面走。因为过于拥挤，车门无法打开，我几乎崩溃，只能求助别人，连推带拽的，从窗口爬进了车厢。”单杏花对那些年的铁路出行经历记忆犹新，“车厢里真的是太挤了，连站的地方都没有，一只脚下去算是站稳了，另外一只脚下去就会踩到别人的脚，只能脚尖踮着一点站一晚上，这一站便是13个小时，大学期间坐火车的经历几乎年年如此。”

中新社

1996年，单杏花考上华东交通大学的研究生，但是她的学习研究生涯却是在千里之外的北京度过的。由于计算机专业人才紧缺，刚刚读研没几天的她就被抽调到中国铁道科学院研究院电子计算技术研究所，参与铁路售票系统研发。想到火车站长长的购票队伍，单杏花觉得自己参与研究的客票系统很有意义，决心尽最大努力干好这项工作。

当年12月，经过单杏花与同事共同努力，中国铁路在全国7个铁路局的车站安装了计算机售票系统，成功实行了电脑售票。虽然这仅是售票系统1.0版，但相比过去已有了历史性飞跃：计算机取代了票箱，火车票从卡片票变成了红色软纸车票，售票员只需把车次、发站、到站以及席别等信息输入计算机，车票就会自动从机器里打印出来，售票效率大大提高。

进入新世纪，随着互联网技术突发猛进，单杏花所在的团队把目光投向了互联网售票系统的研发上。“那时淘宝、百度等网站的发展给人们的生活带来了很多便利，我们也在想着怎么能够把这个互联网技术应用到铁路售票系统中来。所以从2006年就开始研究互联网这种售票方式。”

经过持续探索，2010年底，铁路正式试水互联网售票。次年6月12日，单杏花带领团队仅用几个月时间就完成了铁路互联网售票系统的研发，铁路12306横空出世并在京津城际铁路成功应用，标志着中国铁路进入电子商务时代。此后，12306系统不断改进，还推出手机APP。旅客随时动动手指就可以购票，上车前在自助售取票机上即可取票，火车站里排长队的人群逐渐成为历史的剪影。

近几年，单杏花带领技术团队对铁路售票系统进行了多次升级，并将互联网、大数据、人工智能等新技术应用到系统之中，开发出网络订餐、接续换乘、电子客票、候补订票等多项新功能。许多火车站还开通刷脸进站，旅客对着“人脸识别”机器看一眼就可以直接进站乘车，坐火车出行的获得感和幸福感显著提升。

如今，铁路 12306 网站售票能力已提升到 1500 万张 / 日，2019 年春运高峰日点击量超过 2000 亿次，相当于全国人民每人在这一天内点击网站 100 多次，12306 网站每年为社会节约购票的直接交通成本至少在 100 亿元以上。

一路走来，铁路售票系统已从 1.0 版本发展到 6.0 版本，单杏花也成长为铁科院 12306 团队技术带头人。2017 年当选为党的十九大代表；2018 年，被评为新时代铁路榜样，并受邀到多个铁路局做巡回报告。

报告台上，单杏花满脸自信，声音洪亮：“我可以骄傲地告诉大家，咱们的铁路 12306 达到了世界领先水平，成为全球最大的票务交易系统！旅客排长队购票已经彻底成为历史！”

不通火车的婺源一步跨入高铁时代

“走出来后，才发现老家真的很美！”婺源又被称为“中国最美县城”，单杏花初到北京那些年，非常想念故乡的那方山水，可回家的次数却屈指可数。背后原因，一半是工作忙，一半是路太远。

20 世纪 90 年代初，我国铁路里程不足 6 万公里，地处皖赣交界群山之中的婺源，在中国铁路网上还是一个空白点。当地人出远门要么去 80 公里外的景德镇，要么去安徽的黄山市，但无论去哪个地方坐火车，即使一大早就出门，到达目的地往往已是两三天以后。

“上大学那一年是我第一次离开县城。”单杏花回忆说，第一次离开县城去景德镇坐火车，从老家到火车站就用去快一天时间，从景德镇到南京则长达 13 个小时，整整一晚上都是在车上熬过，到南京后再在浦口转车，从浦口到西安还要两天一夜。火车到西安后，单杏花发现鼻子全是黑的，脸也是黑的。

进京工作 10 多年后，情况渐渐好转。2008 年起，京津城际铁路、合武高铁、武广高铁、京沪高铁、西成高铁等一批高铁开通运营，我国进入高铁时代，北京、上海、广州、武汉等全国一批中心城市被高铁连为一体。2012 年起，中国高铁网以年均 3000 多公里的增速快速延伸。2017 年底，随着石济客专等一批铁路的开通运营，"四纵四横"高铁网成型，由大城市向中小城市飞驰的动车越来越多，高铁逐渐成为人们出

行的首选交通工具。

截至2018年底，中国铁路营业里程达13.1万公里，是20世纪90年代的2倍。其中，高铁里程达2.9万公里，占世界高铁总量的2/3以上。在祖国广袤的大地上，铁路密布，高铁飞驰，香港进入全国高铁网，形成了世界上最现代化的铁路网和最发达的高铁网。中国铁路已由过去运能严重不足的瓶颈制约型运输，发展为运能紧张基本缓解的逐步适应型运输，“中国人均铁路里程不足一根烟长”的话语早已从媒体上消失。

如果把单杏花20多年来回老家的次数画成一条曲线，那么2015年是这条曲线的转折点。那一年，被誉为最美高铁的合福高铁开通运营，不通火车的婺源县城加入了全国高铁网。婺源至全国多个城市有了直达高铁，从婺源到北京、上海、西安最快分别只需7小时13分、4小时29分和8个小时19分。

和全国许多地方一样，风驰电掣的高铁列车迅速改变了婺源的模样。小时候，从单杏花家到婺源县城的30公里道路全是土路，路上很难看到一辆汽车，连骑自行车都得小心翼翼。单杏花记得，母亲以前去一趟县城，天不亮就要出发，晚上十一二点才能回来。现在，婺源有两条高速公路通向省内外城市，柏油路修到了各个乡村。人们出了婺源高铁站，最快几十分钟就能顺畅到家。

“现在我每隔一年就把父母接到北京来住一段时间。夏天有空时，我也会带着孩子回老家住几天。”单杏花说，老家所在的小村在公路的尽头，只有十几户人家，风景秀丽而且非常安静，是个休闲度假的好地方。“在老家的青山绿水之间走一走，看着田野上、小溪边绽放的各色野花，呼吸一下大自然的清新空气，感觉身心放松了很多，浑身又充满了力量。”

如果重新选择，中国铁路仍是我的唯一

单杏花与铁路的缘分始于偶然，但是就像父辈那一代人的感情，一旦成功牵手，就共渡一生，很难分开。

1996 年，与单杏花一同进入铁科院的师生，一共 28 人。20 多年来，这些为理想和事业而奋斗的青年男女聚在一起，又先后各奔前程，唯有单杏花义无反顾地坚持下来。

“2005 年，当最后一名共同奋斗了 9 年的同事选择外出创业，我抱着这位战友，哭了。”单杏花说，当初，自己有很多次机会可以离开铁路系统，甚至有公司出百万年薪聘她，有人劝她：这样的机会难得。可她还是留了下来。

工作这么多年，熬夜成了家常便饭。2001 年，单杏花被发现患有先天性心脏病，这才给经常加班熬夜时出现的胃痛和胸口痛找到了病根。她的孩子几乎是在办公室里长大的。孩子不满百天，为了工作方便，她“狠心”地把嗷嗷待哺的孩子送回老家。谈及孩子，她愧疚地说：“如果生活可以重来，我一定会把孩子带在身边。”

面对选择，单杏花并非没有纠结过。“一边是百万年薪，另一边是关系亿万旅客出行的事业。我将何去何从？我想着客票系统一路走来，知道这是由路内外专家和一大批技术人员多年心血凝聚而成的，我决定要做好传承！”单杏花说，因为我喜欢铁路售票这份事业，喜欢攻克系统故障后的愉悦感，喜欢实现铁路客运业务创新时的成就感，喜欢旅客购票出行获得便利后在网上给出好评的幸福感，通过铁路售票系统的研发，能让亿万老百姓买票过程不再难！对我来说更有价值、更有意义！

20 多年寒来暑往，风雨兼程，尽管不能像一些跳槽的同事那样收获百万年薪，但是单杏花十分满足，对铁路这个宽广的舞台充满感恩之心。

“我在铁路客票系统的研发过程中，不仅实现了人生价值，也成就了梦想，组织更是授予我很多荣誉。”单杏花认为，这些成绩与荣誉，都是在中国铁路大发展的平台上实现的。“一次邂逅，一生钟情。铁路行业舞台宽广，让我抵达了成功的彼岸；铁路行业前景光明，让我在这片蔚蓝的天空下自由翱翔。如果人生可以重新选择，中国铁路，仍然是我的唯一！”

平顺的另类守护

奔驰的高铁列车上立硬币，高铁超车……您也许见过这样的电视画面，但可知道，让人啧啧称赞的背后，凝聚了多少人辛勤付出的智慧和汗水。

采访对象

雷朋涛，中国铁路设计集团有限公司测绘地理信息研究院一队工程师。

扫一扫，观看采访雷朋涛视频

“我们工作的效果就是要做到任何两个点之间互相检查，都很平顺，这就是我们的目标。”

雷朋涛，河北石家庄市无极县人，今年30岁，是中国铁路设计集团有限公司（原铁道第三勘察设计院，以下简称铁三院）测绘地理信息研究院第一勘测设计队的工程师，主要从事高铁精密控制网测量和基础变形监测工作。

源于热爱，苦也值得

对于铁路工程精密测量这门学问，雷朋涛算得上是科班出身。2008年，他考入位于武汉的中国地质大学，学习测绘工程专业。大三实习时，他就已经参与过哈齐高铁施工期的沉降监测。当时，雷朋涛乘火车沿着哈尔滨至满洲里的滨州线到达实习地。“那时候坐的车比较旧、时间长、车里人也非常多，挺难受的。”雷朋涛现在回想起那段乘火车的经历，并不十分美好。但想到自己要做的就是为这片土地上开通高铁做贡献，他觉得这段实习经历很有价值，也与铁路工程测量结下了感情。

研究生阶段，雷朋涛在中国地质大学继续深造，专业为大地测量学和测量工程，在铁路测量领域扎得更深。三年的学习时间里，雷朋涛也经常去往东北，参与哈齐高铁测量工作。

在哈齐高铁实习时，雷朋涛说，东北的四季他都体验过了，尤其是冬、夏两季，至今记忆犹新。“我们那时就在施工工地住，住在野地里的小平房里。冬天工地没有地方洗澡，晚上下班后，我们就步行 4 公里左右去镇里洗澡，洗完澡之后再蹚着又是泥、又是冰的路走回工地。”

熬过了寒冬，还有酷暑。“夏天早上 4 点多天就亮了，我们就开始施工测量，中午会有工友来送水，水都晒热了，但大家还是一把拿来，几瓶几瓶地喝。有时候测量还要爬深山、钻树林，山陡路滑，几个同事搀扶着一起走，互相照应着。”雷朋涛笑笑说，自己就是在那个时候晒出了一身“健康”的古铜色皮肤。

苦是苦，但雷朋涛觉得，自己所学恰好可以运用在铁路工程测量领域，专业匹配，他打心底喜欢这份工作，苦也值得。

当时负责哈齐高铁设计的恰好是铁三院，工作中的不断接触让雷朋涛充满了对铁三院测量工作的向往。毕业季求职时，铁三院成为雷朋涛应聘的第一家，也是唯一一家单位。

精益求精，不差毫分

雷朋涛介绍，铁路工程测量分为常规测量和精密测量两种。常规测量主要是以勘测控制网为基准，开展新建铁路横、纵断面测绘，工点地形、水文测绘等工作；精密测量是在常规测量之后，为工程布设精密控制网，通过精密测量，以实现铁路线下基础工程和轨道线性的精确定位，保证轨道的高平顺性和高稳定性。可以说，精密工程测量贯穿于高速铁路工程勘测设计、施工、竣工验收及运营维护测量全过程，是高速铁路建设成败的关键技术之一。

采访中，雷朋涛对他所参与过精密工程测量的铁路线如数家珍，仿佛他们手中正在编织一幅精美的刺绣作品，每一道技术规程、每一个测量数据就像落下的一个针脚，讲究精准定位、不容有失，唯有如此，才能确保高铁轨道的平顺性、稳定性，让“高铁上硬币屹立不倒”成为可能。

目前，我国精密工程控制网实行分级布网。在高铁精密测量中，CP0、CPⅠ、CPⅡ、CPⅢ四级网组成了一个统一基准的高精度控制网，其作用就是为了保障线下基础工程和轨道线性的精确定位。

雷朋涛介绍，CP0称为框架控制网，沿铁路线每50公里布设一个点；CPⅠ称为基础平面控制网，沿铁路线每4公里布设一对点；CPⅡ称为线路控制网，沿铁路线每600至800米布设一个点；CPⅢ称为轨道控制网，沿铁路线每50至70米布设一对点。

可以看出，从CP0到CPⅢ，高铁沿线布设的精密测量点愈多、密度愈大、精准度愈高。“在高铁轨道铺设和运营维护时，用CPⅢ一定位，就能知道轨道上哪里不平顺，应该如何调整，为铁路工务部门检修维护提供了精准的数据支持。”雷朋涛说。

要说精密工程测量究竟要做到多精密，雷朋涛提供了一个数据：以轨道控制网为例，它的平面相对和高程相对精度必须达到1毫米之内。在几百甚至上千公里的轨道上，1毫米以内的精度要求，就是4个字“追求极致”。

“我们工作的效果就是要做到让高铁轨道任何两个点之间互相检查，都很平顺，这就是我们的目标。”雷朋涛谈起自己从事的高铁精密工程测量工作能达到如此高的技术标准，备感骄傲。

寒来暑往，拼尽全力

在铁三院工作后，雷朋涛又多次回到哈齐高铁，这个他曾经“战斗”过的地方。有一年最冷的时候，雷朋涛和同事们在哈齐高铁做冻胀监测。冬天，铁路路基不仅不会热胀冷缩，反而会出现冻胀、鼓包现象。

“那时候，我们手里的测量仪器总被冻得不能正常工作，电池不到

半个小时就没电了，我们就想办法给仪器‘穿衣服’，做一个棉套把仪器包起来，勉强能让仪器连续工作近 2 个小时。”雷朋涛笑着感慨道，相比机器，人的适应能力确实更强。

最冷的时候，气温在零下 30 摄氏度左右。雷朋涛说，测量的时候，自己每天穿得像一只“大熊”，整个人都严严实实地包裹起来，只露出一双眼睛，即使这样，依然能感觉到刺骨的寒风。“再冷我们也得坚持做啊，一点点、一步步地测量，确实靠的是一股韧劲儿。”

在东北吹过最冷冽的风，在南方鏖战最难缠的虫。雷朋涛回忆起在京沪高铁蚌埠段做运营监测时，身上不知被漫天的蚊虫叮了多少个包。

“我们在路基段测量时，旁边都是野草，因为全站仪会发出亮光，蚊虫就把全站仪的屏幕都粘满了。”雷朋涛说，在这样的情况下他们干一个“天窗”下来，浑身都是被蚊子叮咬的红包，涂在身上的驱蚊液、风油精全都顺着汗水浸湿了衣服。

采访中，雷朋涛讲起自己一个同事“小胖子”的故事。“有一天，我们半夜结束测量后，‘小胖子’回到驻地宾馆，发现自己忘记带房卡，他不想打扰前台，就把仪器放在别人屋里，自己坐在房间门口。第二天早上保洁阿姨醒了，看到‘小胖子’坐在房门口的地上睡了半夜，就忍不住给他拍了一张照片。阿姨还说，‘你们这群工程师真辛苦，为了给我们测量高铁真费心！’”听到这些话，雷朋涛和同事们心里暖洋洋的，既骄傲又欣慰。

雷朋涛说，铁路工程测量是一个团队协作性很强的工作，一个团队要有默契、讲配合，才能有效率。比如几个工程师一起做 GPS 测量，大家在仪器开机后共同测量的时长必须要满足 1 小时。这有些类似木桶效应，测量的有效性取决于最晚开机采集数据的那台仪器。因此，做 GPS 测量的时候，大家谁都不敢掉队，都要认真负责好自己的仪器，确保不给整个团队拖后腿。

雷朋涛回忆起2015年的冬天，他和同事们夜里0点30分开始做GPS测量。高铁上，通常每3公里有一处作业通道门，每500米需要摆一台仪器。大家按照事先的规划，各自背着仪器开始去测量。

“当时北方刚下过雪，路面湿滑，我背了6台仪器，不敢走快，怕摔了机器，但心里又着急，就这么一步步地走在两条铁轨中间。在摆到第4台仪器的时候不小心滑倒了。我个子高，一手撑在地面上，还好没有摔着机器。”雷朋涛说，当时看着夜色下冰凉的钢轨，上面有雪、有冰，听着耳边呼呼的风声，冷极了，脚下的路好像走了很远，但总是望不到头，那时觉得测量工作真是苦啊，可自己不能停下来，必须卯着劲儿继续往前冲，为了高铁的安全，也为了同事们共同的努力。

团队作战之外，一个人的单兵作战也像一场挑战自我的冒险。雷朋涛曾经一个人做过CP0的GPS测量，这种测量要一次连续进行24小时，以三四百公里的CP0测量为例，一个人在起点，第二个人在50公里处，第三个人在100公里处，以此类推，一个人就是沿线50公里的“守护神”。

“我们就自己带个席子，备一些水、面包、火腿肠，累了就在席子上睡一会儿，也不敢熟睡，因为要24小时守着监测点，查看仪器的运行状态。”雷朋涛说，做铁路工程检测，就得耐得住寂寞，守得住自己的一方责任田。

雷朋涛所在的中国铁路设计集团听上去是负责铁路设计，很多人以为工程师们只要把铁路设计出来就高枕无忧了，但其实，背后还有很多像雷朋涛这样的工程测量、监测人员，在高铁通车前、通车后，用精细到毫米的标准守护着万里铁道线，让旅客在高铁列车上如履平地，舒适安全。

西成高铁上动车组列车在花海中形成了一道亮丽的风景线 / 曹宁 摄

自我升级，百炼成钢

做铁路测量工程师，出差是雷朋涛工作的常态，少则十几天，多的时候几个月都待在施工地不能回家。雷朋涛和女朋友交往半年多，只见过5次面，平时都是靠电话和微信交流。

“在我们单位，常年出差、加班照顾不了家里的同事大有人在，我们这些做铁路工程的，确实很少有时间‘浪漫’。”

这几年，雷朋涛不仅看着别人乘高铁回家越来越方便了，自己也是高铁发展的受益者。津保铁路开通后，在天津工作的雷朋涛回石家庄老家又近了一些，他有时晚上在天津吃完饭，然后坐高铁回老家看望家人，第二天早上再从石家庄回天津上班，工作、探亲两不误。

记者采访时，工作3年多的雷朋涛已经参与过哈齐高铁、京沪高铁、丹大快速铁路、京唐高铁等铁路测量项目。现在，他已经是佳鹤铁路提速改造工程勘测项目的负责人了。从一个学工程测量的实习生到一条铁路勘测项目的负责人，雷朋涛的成长绝不仅仅是专业水平的提高。他说，一个项目的负责人就像一个大管家，从项目人员住哪里、每天吃什么到联系司机跑工地、与各设计专业良好沟通……这一切他都要通盘考虑、细心安排，非常锻炼人。

雷朋涛说，自己经常在新闻里看到一些外国政要来中国坐高铁，有时看到自己参与测量过的高铁项目出现在电视新闻画面里，别提多骄傲了。

有一次，雷朋涛在京沪高铁做监测，听到工务部门的一个班长对同事们说，“大家一定要认真仔细，万无一失，如果京沪高铁出了事故，明天全世界都会知道！”那一刻，雷朋涛更真切地感受到了自己工作的价值。中国高铁是中国速度最好的象征，为了让列车跑得更快、更稳，他责无旁贷，一定要监得更细、测得更准！

黎明前为你蹚路

不管春夏秋冬，不论风霜雪雨，很多人还沉醉在甜美的梦乡时，他已经走出家门，来到车站，登上了这天的第一趟高铁列车，开始“扫雷清障”。

采访对象

张镇，北京高铁工务段石家庄高铁线路车间确认车添乘员。

扫一扫，观看采访张镇视频

他们在人们熟睡的凌晨开始工作，他们乘坐每天第一趟“不载客高铁列车”，被誉为“高铁探路先锋”“高铁扫雷兵”；他们站立在司机旁边，眼观六路，耳听八方，及时收集分析高铁线路信息，确保万千旅客出行之路安全无虞……他们是随着高铁发展新诞生的一个特殊工种——高铁动检确认车添乘员。

高铁白昼十分繁忙，为确保运输安全，线路的检修维护一般从每天 0 时 20 分开始，一直持续到凌晨 4 时 20 分。当日检修后，线路到底符不符合开行条件？还有哪些影响列车安全、平稳、舒适运行的因素？这时就需要高铁确认车出马。凌晨四五点钟，动检确认车按照运行图要求，以允许的最高时速在高铁线路上跑一趟，确认安全后载客列车才能开行。神秘的确认车和平常运营的高铁列车没有很大区别，不同的是，车上除司机之外，只有几名来自工务、供电、车辆等部门携带专业检测设备的铁路职工。确认车冠以 DJ 字头，运行计划不对外公布，所以旅客鲜有人知。

2012 年 12 月 26 日京广高铁全线开通运营后，张镇便加入了这支“探路”队伍，在北京高铁工务段确认车添乘员岗位上一干就是 7 年。让我们一起走近年近半百的张镇，听他细数确认车添乘员甘居幕后、挥洒芳华的故事。

“我最在意的是线路安全，希望别出一丁点差错”

“您好，我是石家庄车间添乘动检 7482 次列车的张镇，我已经到车站了。”深秋的石家庄站寒冷异常，早早到岗的张镇首先给车间和调度部门打了电话，并自拍照片确认。确认车凌晨 4 时 40 分发车，张镇需要提前半个小时到岗做好准备工作。他一般凌晨 3 时起床，除单位叫班外，自己还在手机上设置了闹钟铃声，打出时间富余量，确保不耽搁确认车按时开出。为了更加自主和准时，张镇选择骑电瓶车去车站上班，从家到石家庄站大概要花费十几分钟。

4 时 35 分，确认车缓缓开进石家庄站站台，张镇和供电职工一起走进驾驶室，安放收集列车运行数据、画面的便携式检测仪和摄像机，签到并准备记录表格。万事俱备只欠东风，等与调度联络沟通后，确认车即可开始“探路”，张镇也正式进入工作状态。从石家庄站到北京西站的一个多小时里，确认车一路奔驰，中间不停靠任何车站，张镇和供电段的“搭档”就像护法一样一左一右站在司机旁边，尽心守护线路安全。“其间，我们不喝水不上厕所，更容不得打磕睡，需要一直站立，精神高度集中，就像扫描仪一样盯住线路上的每个细节。眼睛长时间充血，每次下班都感觉有些干涩。”据张镇介绍，冬春季节的凌晨5点，天色还是漆黑一片，他们只能依靠车灯的光线来查看线路上的情况。高铁列车速度极快，每秒能驶出八九十米的距离，稍一疏忽就可能错过一些隐患。由于起得比较早，张镇是饿着肚子工作，直到探路工作结束才到铁路行车公寓吃点早饭。

一路上，张镇时而在表格中认真记录病害信息，时而给调度打电话汇报病害位置，确保隐患及时被发现、消除。“现在主要有两个检测手段，一个是通过仪器检测，另一个是通过人工感觉。仪器主要是小型的便携式添乘仪，可自动监测线路高低、水平等数据，摄像机录制的视频主要做备查使用，记录线路周围环境。添乘仪和摄像机加起来有十几斤重，我每天就是背着这些‘老伙计’到处跑。”张镇说，“人工感觉主要是目测、体感。线路上有没有异物、声屏障是否完好、哪个位置出现晃车……历经磨炼，我们的人工感觉也越来越准确，与仪器检测相互印证。”

6时许，DJ7482次列车顺利完成添乘任务，停靠在北京西站的站台上，开始执行G6731次的载客任务，京广线上第一批从北京西站出发的旅客陆续登上列车。“一想到后面会有满载旅客的列车驶来，我在前面‘探路’就更加谨慎小心；一看到车站放行、旅客开心踏上旅途，我就觉得十分自豪，因为自己的劳动让别人的出行变得更加便捷安全。虽然辛苦，一切都值了！”张镇说。短暂停留后，张镇添乘G6731次列车返回，又在驾驶室里把来时的线路检查了一遍。到达石家庄站后，他还得马不停蹄地赶回车间，报送摄像机录制的视频，汇报添乘发现的问题。直到接近中午，张镇才算圆满完成当天工作，下午可以养精蓄锐，然后半夜再起来，如此周而复始。北京高铁工务段有 20 多趟动检车，添乘员都像张镇一样半夜而作、正午而息。

1986 年 11 月，张镇接替父亲进入铁路工作，成为一名线路工。“其实我愿意挑战点新生事物。”2013 年听闻要成立北京高铁工务段后，按捺不住兴奋的张镇主动向领导申请调动，“京广高铁全线开通运营前，我在前期介入小组，主要负责检查施工单位修的线路还存在哪些病害，并督促整改销号。联调联试期间，我在石家庄站担任驻站员，主要协调相关单位做好‘天窗’修工作，逐渐对高铁有了更加深入的认识。”有了前期的经验积累，加之工作态度格外认真，段领导推荐张镇担任确认车添乘员。

因为喜欢挑战，张镇与高铁结缘，几年功夫就从一个门外汉“蝶变”成标杆先进。路局“标准化作业职工标杆”“优秀共产党员”“春运新闻人物”以及段“高铁党员之星”……这些荣誉是对张镇无言的褒奖，以他名字命名的“张镇添乘党员标准岗”也被评为段党内优质品牌。

“荣誉是外在的，我最在意的是线路安全，希望别出一丁点差错，确保旅客能够天天安全出行。”张镇道出了自己的心声。

“确认车添乘员不好干，需要拥有很强的责任心”

确认车添乘员的大部分工作时间花费在车头里，看似冬暖夏凉、外表光鲜，但长时间连续站立、精神高度紧张就不是一般人能够承受的。而且他们是排危除险的最前沿，面临的潜在风险也是最大的。如同排雷工兵走在队伍最前面，自身安全却时时刻刻受到威胁，着实需要胆大心细。

“确认车添乘员不好干，需要拥有很强的责任心。”张镇选择了这一岗位，早就抱定了“既来之则安之”的心态，“没有问题或者及时发现解决了问题，很多人都不会在意，但如果线路有问题而你没看出来，可能就要背负很大的压力。”7 年来，张镇兢兢业业、任劳任怨，及时给调度部门提供了几次准确信息，挖出了“地雷”，工作能力获得广泛认可。

“其实，确认车添乘员是一个高危行业，看似站在车头里显得高大上，担的风险也很大。2018 年 4 月，华北地区刮了几场沙尘暴，一棵干枯的树倒在了栏杆上，造成列车慢行。后来调了视频看，这棵树一直是倒着的，就是我没看见。还有一次，我们动检车过去后带起了路基防水层，别的列车司机看到后及时报告了，还好没有造成严重后果。我跟领导说甘愿接受批评和处罚。这两件事对我触动特别大。我的工作就像扫地雷，挖出隐患才能给旅客安全多增加一份保障，换句话说，要做好工作就得认真再认真、细心再细心。”张镇笑着说，“原来还有不少人羡慕我们这个岗位可以多休息半天，现在没人羡慕了。”

据张镇介绍，添乘员如果迟到，确认车就可能晚点发出，而这将会影响整条线路所有高铁列车的发车时间。看似是迟到几分钟的小事，实际却“牵一发而动全身”。张镇一直严以律己，把责任心融入看似稀松平常的小事中，从未出现迟到的情况，在天气条件恶劣的时候也是如此。2016 年 7 月 19 日到 20 日，一场来势凶猛的大雨让石家庄的街道积水严重。20 日那天凌晨 3 点，张镇就跟媳妇说得早点走。媳妇本来开车送他，可汽车一出小区门就被水阻挡开不动了。他让媳妇把车靠边，自己撑起雨伞毅然走进雨幕中。积水最深的地方都到他腰部了，后来想起来还是心有余悸，当时也怕掉进下水井或者被掉落的电线电击。绕来绕去，平常骑车一刻钟的路程，张镇步行了 40 多分钟，身上都被雨水淋透了。等赶到石家庄站，他一看表才 4 时 05 分，没有耽误确认车发车。

“我就想着不能迟到，不能耽搁确认车发车，导致后续旅客列车出现积压。”心里抱着这样的信念，张镇硬是冒雨蹚水准时上岗。他参与了北京局集团公司组织的党的十九大精神宣讲团，和其他 5 名不同岗位职工走进承德、衡水、张家口等 8 个铁路地区。听到张镇讲蹚水上班的故事，聆听宣讲的人都屏气凝神，有的惊讶不已，有的热泪盈眶，频频给张镇报以热烈掌声。“真实的故事最感人，这就是发生在我身上的真实故事。以前都是听别人的先进事迹，我自己到了台上讲还真是有点紧张，把讲稿都攥得皱皱巴巴的。”在张镇看来，他做的都是本职工作，都是一些普通人的平常事。

要做好添乘员的“平常事”，张镇觉得最重要的是要有强烈的责任心。他说：“这是因为我们每天面对的都是一条全新线路。每次‘天窗’施工情况不同，每天的天气存在差异，所以线路的实际情况和潜在隐患每天都不一样，需要随机应变，做到兵来将挡、水来土掩。”遇到雨水、沙尘暴、浓雾等恶劣天气时，张镇总是会在心里默念几遍“要认真”，“探路”前预想，工作时聚精会神，生怕漏掉一丝一毫的隐患。除了应对不利的自然条件，张镇还经常跟闯入高铁线路的人“斗争”。不管是与家人闹矛盾离家出走的人，还是沿着铁道线流浪的乞讨者，只要影响列车运行安全，他们发现后都会及时将这些人请上动检车，然后带下线路，就近交给铁路民警。有时候，精神方面有问题的流浪人员不愿意被带下线路，张镇他们还要与之上演一场“追逐战”。时间有限，张镇他们必须速战速决，把一切隐患消灭在萌芽之中。

张镇平时特别注重“记路”，比如车站的具体情况，线路的具体里程。“我们的工作要求高，需要比工务线路工、客运列车员掌握更多位置信息。高铁时代就是讲究快，等出现问题你再翻书就晚了。发现隐患，必须第一时间向调度汇报，所以位置信息需要印在头脑里。”张镇认为，这些知识看似属于业务素质范畴，但更多地还是能体现一个人的责任心。责任心强，就会主动去学习这些知识，就能更好地处理突发状况。

“线路和家人都是我的知心爱人，我会一直爱他们”

“父亲干过养路工，对我影响很大。他们那时候作业条件差，基本就是靠铁锹、洋镐，但却从来不说累，心里一直想着线路安全。用土话说，他们那一辈人就是老实，有着淳朴的家国情怀，就想着让国家发展更好更快，自己吃的苦多，却很少享福。”张镇的父亲年轻时在工程局大修队工作，从广州到衡阳，再到石家庄，全国各地到处跑。

1986年，老父亲退休后，17岁的张镇子承父业。当年在老家徐水火车站，老父亲送张镇去上班，反复叮嘱他“好好干，别跟人家吵架”。“没有华丽的辞藻，没有高大上的语言。虽然当时我还算个半大孩子，老父亲就让我自己一个人背着书包离家去上班了。”张镇对这些情节记忆犹新，“前几年，知道我干高铁有关的活，老父亲还叮嘱要好好干。”“好好干”，老父亲说了一辈子，寥寥几字却含义丰富，自称“农村孩子”的张镇一直铭记于心。张镇明白，现在的工作条件越来越现代化、机械化、智能化，劳动强度大大降低，但安全风险依然存在，守护安全的工作还得踏踏实实干好。老父亲前两年得肿瘤去世了，张镇常常念叨：“真后悔，没让他过几天好日子。”张镇一心干好添乘员工作，是为缅怀影响了自己职业生涯的老父亲，也是为了珍惜眼前人，让身旁的家人过得更幸福。

古语说，鱼与熊掌“二者不可兼得”。张镇对此有着切身感受，他想着认真工作让家人幸福，却因此少了时间陪伴家人。“妻子是人民教师，我是人民铁路为人民，我们都是为人民服务的，所以她很理解我、支持我，没有说什么厌烦，一个不字都没有。我每天早早起床，她不说影响她休息，还出门送我。媳妇特别善良，家里的事大部分是她一个人担着，有时候还经常为我写的东西提修改意见，对我工作帮助很大。”说着说着，张镇的眼眶有些湿润了，“我觉得特别亏欠她，以后慢慢补偿吧。”

说起唯一的女儿，张镇眼神里多少有些自豪。女儿从小比较乖，上学基本没让大人操太多心。她 2016 年参加高考，现在在河北师范大学学习日语。“我尊重女儿的兴趣，她愿意学习语言类专业，以后毕业做什么工作也看她的想法。”张镇说，2017 年暑假的一件事让他觉得挺对不起女儿，他又一次跟女儿爽约了。原来，暑假前女儿就跟他们夫妻俩商量全家一起去陕西华山旅游，顺便拜访一下当地的同学家。结果到了该出发的日子，张镇说自己不去了。“媳妇问为什么不去，我就说当时正值‘七下八上’的华北雨季，线路上容易出问题，正需要人手。领导给了我那么多荣誉，关键时候我就要顶得上去。我坚持干工作，媳妇就跟女儿去玩了。”张镇介绍。

近 7 年，张镇一直风雨兼程，很少因为个人原因请假休息，即使感冒发烧、牙疼上火也坚持添乘确认车，把该做的工作做完。“健康专家说凌晨三四点正是身体排毒、自身修复的关键时段，最好处于熟睡状态，我们得起床工作，对身体多少有点伤害。工作总得有人干，我愿意去干。”1970 年出生的张镇现在开始注重身体保养，偶尔看看健康养生方面的书籍，休息时间运动运动。“休息时间我一般爬山或者慢跑，让身体出出汗、排排毒。媳妇爱好运动，也带动了我。”他笑道。

“我有个怪癖，看到车站里黑压压一片人就高兴，这说明旅客认可咱们铁路，觉得坐火车安全可靠、性价比高。”张镇觉得旅客的肯定是他鼓足干劲工作的动力源泉，“还有一次，我在高铁车厢里碰见一个教授模样的老同志，他手机没电了，我立马把自己的手机借给他打电话。他知道我是铁路职工后，就聊了很多。看起来对铁路有研究，对铁路多是夸赞的话，说得我心里挺高兴、挺自豪。我还把这个故事写了出来，发到段里的手机报上，让更多铁路人知道社会对铁路的评价真的挺不错。”

都说“七年之痒”，在确认车添乘员岗位上走过 7 年的张镇非但没有“痒”，反而更喜欢这份工作了。“线路和家人都是我的知心爱人，我会一直爱他们。”张镇说，在身体条件允许的情况下他还想多干几年，“现在最大的痛点就是有点‘知识恐慌’。我是初中毕业，面对新技术新设备深感知识不足。平时休息时间我就自我加压，坚持翻看业务书，积极参加车间技术培训。长江后浪推前浪，得有风险意识、忧患意识，不能让年轻人拍到沙滩上。”

古有神农尝百草，今有确认车上“扫地雷”。正应了那句“网红”句子所说，哪有那么多岁月静好，不过是有人在替你负重前行。像张镇一样的确认车添乘员还有很多，他们是普通人，有儿女情长，他们也是超人，以身试险，悄无声息地排除高铁上的危险因子。这些默默奉献的无言者，值得我们为其发声，值得赢得更多尊重和点赞。

领跑速度的“神经中枢”

高铁网络控制系统研究的每一个项点，都与旅客的体验息息相关。他们就像闯关一样，一步一步攻坚克难，又一步一步战胜新的挑战，终于迎来复兴号动车组的横空出世。

采访对象

赵红卫，中国铁道科学研究院集团有限公司首席研究员。

扫一扫，观看采访赵红卫视频

赵红卫是中国铁道科学研究院集团有限公司的首席研究员。31年里，她将最美的青春年华倾注在中国铁路技术研究领域，带领中国高铁跑出令世界惊艳的“中国速度”。

每一点积累都不会被辜负

1988年，19岁的赵红卫从河北廊坊来到北京航空航天大学读书，是班上少数几个选择自动控制与检测专业的女生。当时她可能从未想过，自己有一天会成为推动中国标准动车组复兴号走向世界前沿的领军人物。

1992年，本科毕业后，因为专业相近，赵红卫来到中国铁道科学研究院读研，成为一名铁道牵引电气化与自动化专业硕士研究生，主要研究铁路车载电子和电气控制装置，从此与铁路研究结缘。

博士期间，赵红卫一门心思将研究重心放在了机车车辆轮轨控制方向。电流转换、电机驱动、矢量控制、直接转矩控制……实验室里，她用别人很少留意的科研软件一遍一遍进行列车仿真实验，为了解整个列

车系统奠定了坚实基础。

从 1997 年到 2007 年，中国铁路经历了六次大提速。经过六次大提速，中国一步一步探索高速铁路技术，为迈入高铁时代不断积蓄力量。

“困难是要一点一点去克服的，如果你认为它是困难你就不去开始，困难就永远是困难。只有一点一点面对困难、克服困难，回过头来才会发现，再复杂的事，也有解决的办法。”赵红卫说。

每一点努力都不会被辜负，每一份坚持都是成功的积累。1998 年，赵红卫博士毕业，进入中国铁道科学研究院机辆所，从事铁路机车车辆研究。2000 年，工作中的一个机会让赵红卫接触到了法国阿尔斯通公司。“虽然阿尔斯通的网络技术不是现在国际上列车网络控制技术的主流，但我第一次接触它的技术，就激发了我的研究兴趣。”就这样，通过与阿尔斯通公司合作，赵红卫开始了解、学习国际上先进的列车网络控制技术，成了国内列车网络控制技术研究领域第一批技术专家之一。

在机辆所，起初研究这项技术的只有赵红卫一人，后来，她在所领导的支持下，分别找几个同事谈话，大家渐渐认识到了列车网络控制技术对发展动车组列车的重要性，研究团队逐步拓展为两个人、三个人……不断发展壮大。

搭建中国高铁的“高楼大厦”

2005 年，赵红卫正式开始与高铁打交道，主要进行高铁牵引网络控制系统研究。同年，在一次与西门子公司的谈判过程中，赵红卫认识到了中外铁路发展之间的差距，要想发展中国的高铁，引进消化吸收的过程至关重要。

“我们这边需要引进消化吸收的主要是列车牵引和网络技术，牵引技术是列车的动力来源，网络技术相当于列车所有的控制设备串联起来集成的技术，动车组的车头、车尾、每节车厢，所有的系统只有基于网络系统去开发，然后连接起来，才能协调动作。”

列车网络控制系统之于轨道交通装备，相当于“大脑”和“神经中枢”之于人体，负责完成动车组上的高压、牵引、制动、辅助供电、车门、空调等的控制、监视，以及车上所有控制信息和故障信息的传输、处理、存储和显示功能，是动车组最关键的核心技术之一，也是国外技术封锁的重点。

赵红卫在读博期间做的轮轨关系研究让她能更快、更透彻地理解列车网络控制系统的工作原理。多年的理论研究让赵红卫明白，机车轨面的黏着力受到轨面条件的限制，比如当轨面上存在油污或水的情况下，对轮轨之间黏着的性能就会产生影响。

对此，赵红卫形象地举了这样一个例子："就像我们平时驾驶汽车，雪天路比较滑，车就容易打转、滑行。从列车控制的角度，我们必须懂得，如果机车轨面遇到相同的情况，如何控制机车，不让它打滑。"

在油污、水等不同条件作用下，机车表面的摩擦力系数会发生怎样的变化，在雪天是加大车轮的牵引力，还是用更小的牵引力驾驶列车，确保行车安全……这些都是赵红卫必须研究透彻的问题。

实验研究要考虑的问题数不胜数，而且细如牛毛。更具挑战性的是，赵红卫从事的高铁列车网络控制技术研究在国内并无先例可循。虽然有一些国际上的研究成果可以借鉴，但发达国家设置的重重壁垒让赵红卫认识到，要想建设中国的高铁，必须拥有自己的技术，她必须带领团队完成这项开创性的事业。

在赵红卫看来，钻研高铁网络控制技术的过程就像是搭建一栋高楼大厦，中国在这方面几乎是零起步，需要一点一点摸索着打基础，才能建好这栋高楼。"刚开始做研究的时候，真的不太确定能不能成功，而

且面对各种不同的研究路径，选择路径本身就很难，我们只有一点一点地建立研究的信心、团队的信心，然后才能赢得客户的信心。”赵红卫回忆起刚开始研究高铁网络控制技术时这样说。

想要上网，必须首先具备上网的硬件基础，要有计算机设备、网卡、通讯协议芯片等设施设备和器件。高铁网络控制技术要想实现对高铁列车的控制，也需要支持通讯的硬件以及能够具体控制列车执行多种具体命令的协议。

“我们必须探索控制列车的策略、逻辑，需要包括控制指令以及每一道指令发出后的反馈。”开发高铁网络控制硬件、通讯协议处理器的过程极其复杂，赵红卫和她的团队为此付出了大量心血。

与国外高铁网络控制技术系统集成商谈判、完成实现通讯协议的芯片、为芯片提供电源、设计芯片的交互存储、制作网卡……每完成一个步骤，就会有新的课题等待着赵红卫和她的团队，他们像闯关一样，一步一步地攻关克难，又随时准备迎接新的挑战。

比问题更多的，是解决问题的方法

研究高铁网络控制系统，系统思维必须贯穿开发研究过程的始终。“网络控制系统、牵引系统、制动系统，甚至是简单的列车空调如何接口，列车如何能实现对旅客的安全保护，比如车门不能夹到人、车门关闭后列车才能开行等等，类似这样方方面面的逻辑关系都必须在网络控制系统中实现。”赵红卫说。

系统思维统领全局，分解思维指导操作。慢慢地，赵红卫乃至整个铁科院研究高铁技术的团队都在不断壮大。有的负责硬件开发，有的负责协议制定，有的负责软件开发……每一个部分的研究都被划分为不同的层面，分解开来执行，整个高铁网络控制的逻辑链条逐渐清晰起来。

高铁网络控制系统研究的每一个项点都与旅客的体验息息相关。为此，赵红卫和她的团队必须围绕旅客需求，做到面面俱到、细致入微。

"比如，旅客夏季最关心的空调问题。高铁列车行驶的过程中，车厢都是密闭的，遇到中途车站开门关门时，就会受到压力的影响，这个时候就需要我们考虑如何既能保证车厢门正常关闭，又不影响空调工作；过隧道时，如果空调压力调整不好，旅客就会感到耳朵不舒服；高铁列车内有信息显示屏，显示的车速数据需要通过牵引系统、制动系统采集列车速度，然后传输至旅客信息系统，最后通过显示屏展示给旅客……"赵红卫说。

回头看来，赵红卫对自己的研究细节如数家珍，但只有经历过具体的研究过程，才知道困难其实无处不在。

研发具有中国基因的复兴号

从 2005 年到 2007 年的两年时间里，国外并没有对中国进行高铁网络控制系统的技术转让，赵红卫和她的团队就利用这两年时间做网络控制系统的基础研究，为后续与国外技术对接，乃至国产化自主研究积蓄力量。

2007 年，铁科院开始引进西门子公司的网络控制技术，但引进的部分主要是高铁网络控制系统的制造技术，不包含设计技术。在引进国外技术过程中，赵红卫没有放弃任何一个可以学习的机会。"我们去西门子生产车间学习的时候，我记了厚厚的一本笔记，包括引进生产线后如何布局，要设哪些岗位，比如负责整体计划的、质检的、生产的……”

在引进技术的过程中，国外公司总是设置重重壁垒，希望中国高铁始终依赖他们的技术，形成难以摆脱的永久依赖关系，然后高价将后续的开发平台、软件技术等批量售出。在前期的研发过程中，赵红卫遇到了不少因缺乏核心技术而“受制于人”的情况。

“构建属于中国高铁的网络控制技术，逐步实现高铁核心技术的国产化、自主化”，赵红卫暗下决心。渐渐地，开始有一些公司找到赵红卫，要用赵红卫他们研发的软件装车。这对整个研发团队是非常重要的机会，因为技术研发是否成功，只有运用到具体的行车环境中才最有说服力。

当自主研制的列车网络控制软件成功装车 400 多列后，赵红卫和团队的信心逐步树立起来。“软件成功实施以后，我意识到，我们研发的逻辑和思路是对的。”

2012 年，一个更大的挑战摆在赵红卫面前，铁路部门开始研制中国标准动车组。赵红卫明白，挑战的另一面就是机遇。“这些年，我们始终想着自己的开发平台能更多地应用于实践。从前，我们就像是在别人穿过的衣服上缝缝补补，国外公司提供的平台出问题了，我们就想办法解决问题，就在上面‘打补丁’，这次，我们终于要用自己的系统了。”这一次，赵红卫和她的团队已经不再依赖国外的技术，而是通过自主设计将网络控制系统生产出来，并且提高了硬件水平。

2015 年，中国标准动车组全套系统每一次上车实验，赵红卫几乎都在现场把关。网络控制系统调试工作非常辛苦。网络不就位，别的系统就无法正常工作，因此，每一次现场测试时，网络控制系统的调试人员必须最先到位。

网络控制系统启动前，冬天车厢冰凉，夏天异常闷热，只有网络控制系统正常运转，车内才能正常供电；测试过程中任何一点细小的问题都需要网络控制系统的人员配合检查。“我们的保障工作是从头到尾的，各个系统交互中的问题，都需要我们验证、解决。”赵红卫说。

“现场要有人，后方也要有人。”为了及时发现现场问题存在的根源，赵红卫还安排了一部分科研人员在后方实验室内待命，一旦发现问题，后方也能在实验室内进行模拟，提供支援。

赵红卫谈到，问题的出现几乎是没有规律的，这次测试出现了，下次未必会再出现，但作为科研人员，他们绝不允许这种“不确定性”存在。“有时你甚至需要创造条件让问题发生，然后分析是什么样的条件可能造成类似的问题，这都需要细致入微的观察。”

事后，赵红卫总结：“很多事情，当你没有掌握它的规律的时候，好像有点捕风捉影，觉得很神秘，但是考虑清楚，发现问题所在后，你会发现，任何的故障都是有原因的。”就是靠着这样的信念，赵红卫带领团队像排雷一样扫除遇到的一个个阻碍，用耐心和信心不断推进中国标准动车组的研发。

现在我们出行，经常看到原本 8 节车厢的动车组重联开行，宛如一条长龙，连成 16 节车厢，但很多人并不知道，这样“8+8”的升级，与赵红卫团队的研究息息相关。

2015 年 7 月中旬，赵红卫的团队已经完成了单车的调试工作，下一个阶段就是进行两组列车的重联。当时，重联列车的单车生产厂商各不相同，厂商也有顾虑，万一重联起来出现两组单车起火的情况怎么办。

“我们制订了比较周密的计划，在不通电的情况下先测信号，每一列单车测试没有问题后，再进行重联。”赵红卫给出了这样的解决办法。

事实证明，这样的动车组重联方式完全可行。就这样，在大家目光注视下，不同厂商生产，外形各有差异的动车组被连接在一起。如今，同一速度等级的复兴号动车组无论生产厂商是谁，都可以完美地连接在一起。重联后的动车组列车在万里铁道线画出一条条更长、更美的弧线。

2016 年 7 月 15 日，两列中国标准动车组在郑徐高铁成功完成交会试验；2017 年 6 月 25 日，中国标准动车组被命名为“复兴号”，于 26 日在京沪高铁双向首发。赵红卫介绍，复兴号动车组安全监测的传感器项点达 2500 多个，比和谐号多了 500 多个，就是为了全面保障列车和旅客安全。

回想起多年来研究列车网络控制技术的点点滴滴，赵红卫觉得，自己能够坚持下来，与从小受到的教育关系密切。赵红卫的父亲是一名军人，虽然赵红卫是个女孩儿，但父亲从不对她娇生惯养。“我父亲对我从小就是严格要求，小学每次考试卷要家长签字，如果没考 100 分，他都不签字。”现在，赵红卫很感激家庭对于自己学业和成长的严苛教育，培养了自己作为一个科研工作者不惧挑战的品格。

对于未来中国高铁的发展，赵红卫认为一是要继续做好复兴号这类拥有自主知识产权的高铁品牌，将复兴号动车组打造成涵盖多种不同速度类型的复兴号系列、复兴号家族；二是推进中国高铁向绿色、智能发展，让动车组在生产和运行中做到能耗更低、装备更智能。

“我还是愿意做一些有挑战有难度的事。”赵红卫总是这样说。未来的中国高铁研究还有更多高峰需要攀登，还有很多阻碍需要跨越，还好我们有这样一位喜欢挑战的高铁研究专家，始终目光向前，追梦前行！

新地标带来新体验

建筑，是凝固的音乐。北京南站堪称中国高铁第一站。如此庞大的城市建筑物，其功能的实用性、超前性以及与周边环境的和谐性、融合性，都在设计者绘就的蓝图里呈现。

采访对象

周铁征，中国铁路设计集团有限公司总建筑师。

扫一扫，观看采访周铁征视频

说来真巧，采访那天正好是 8 月 8 日，从 2008 年我国第一条时速 350 公里的高速铁路开通运营算起，中国高铁走过了整整 10 年的路程。

到 2018 年末，我国铁路营业总里程超过 13 万公里，比 1949 年增长 5 倍；高铁从无到有，达到 2.9 万公里以上，居世界第一。在四通八达的铁路沿线，有千万个大大小小的火车站，像项链上的一颗颗珍珠。南来北往的旅客对铁路的最直接印象，可能很大程度上就来自于火车站。当下的高铁站有“颜值”更有内涵，不仅建筑如珍珠般外表闪亮，而且细节应用中也有诸多的人性化设计，为的就是让旅客出行更安全更便捷。这凝结着铁路建筑设计师的智慧和汗水。中国铁路设计集团有限公司总建筑师周铁征就是其中一位代表。

到法国进修，开阔眼界

“我算‘铁二代’，父亲也是干铁路的，名字里的‘铁’字冥冥之中说明我与铁路有缘分。”1966 年出生的周铁征笑着说。1989 年，从天津大学建筑系毕业后，土生土长的天津人周铁征选择在家乡工作，循着父

亲的足迹进入中国铁设的前身铁道部第三工程设计院。天津大学建筑系在全国高校里排名比较靠前，当时铁三院接收了不少天津大学建筑系的学生。“建筑系学的内容其实跟铁路还是有很大区别的，而且房建在铁路上不是主业，后来，同时期进入铁三院的同学大部分都另谋职业了。”周铁征说，他刚到铁路设计单位也有点不习惯，但依然坚持了下来。他勤奋好学，逐渐在铁路站房设计方面找到了自己的兴趣点和努力方向。

1999 年 9 月至 12 月，周铁征接受公派参加了中法建筑师交流项目，赴法国进修。“咱们国家现在很多建筑师都参加过这个交流项目，很多人现在都是很有名的大师了。我觉得这次交流对我影响很大，对咱们国内的设计影响也挺大。”周铁征介绍，当时在法国的 3 个月自己就跟上了发条一样，主要在法国铁路公司下属的一个设计院见习，到在建的项目现场去看一看、问一问，开阔眼界。他觉得这还不解渴，自己就利用闲暇时间去逛，参观法国 TGV，几乎跑遍了沿线的车站。“当时，咱们的生活水平不高，我也舍不得花钱，就背着两瓶水、带着面包出去转悠。那时候自己的使命感很强烈，觉得回国后下次再来法国不知会等到什么时候，就抓紧一切时间学习，到车站或者著名建筑去拍照。结果，20 年过去了，咱们的高铁都已经赶超法国了。我感受最深的就是，咱们国家这些年的发展速度真是快！”

通过对欧洲现代火车站及其他现代建筑的系统考察研究，周铁征深受启发，陆续把一些设计理念应用到国内高铁站房设计中。他举例说，现在广泛应用的大空间模式，包括对自然光的利用、强调视线的通透，这些其实都是借鉴了国外的一些成熟做法。“在欧洲，人们特别喜欢阳光，车站上面玻璃天窗的面积非常大，甚至可能全是玻璃。这样处理不仅让空间显得宽敞，而且自然采光也充分，节能环保。根据咱们国家

的国情，铁路设计师在天窗设计上做了一些调整、完善。北京南站的天窗很漂亮很大，上海虹桥站也是大天窗，并添加了遮阳措施。其他高铁站一般都做了天窗，只是大小宽窄不一。我们没有刻意追求特别宏大的天窗效果，但与以前的车站设计相比，这已经体现了设计理念上的一些变化。”

从法国回国后，周铁征担任了铁三院建筑分院总工程师，全面负责铁路站房建筑设计。周铁征暗下决心，外国高大上的站房，中国人一定也能建设。在中国高铁“试验田”秦沈客专建设中，周铁征主持了葫芦岛站等 4 个旅客站房的设计。他一改传统车站混凝土钢混结构模式，大胆推出钢构幕墙的设计方案，开敞通透的空间效果、新型的结构形式在业界引起关注。“虽然葫芦岛站后来改造了，但不妨碍玻璃幕墙成为高铁站房的一个发展趋势。”周铁征说。

在周铁征看来，十几年前，铁路站房设计师的观念普遍开始转变，把关注点放在给旅客提供便捷的换乘、乘降和进出站体验上，提出了“便捷换乘”“零换乘”等概念，力求做到“以人为本、以流为主”，不断推出一个又一个高水平的铁路站房，引领站房设计走向一个新的发展阶段。

设计北京南站，摸索前行

“今天这个日子比较有意义。10 年前，我国首条设计时速 350 公里高铁——京津城际铁路开通运营，我正好负责设计了北京南站、天津站、武清站等几个高铁站。”接受采访那天恰逢 8 月 8 日，10 年前的这一天正好北京奥运会开幕，而作为奥运的配套工程京津城际铁路于奥运开幕前一周胜利通车。周铁征对此感慨万千。

在周铁征的记忆里，天津到北京都是“绿皮车”，车次也不多，经常到北京的他很难赶得上比较适合的车次，基本上都是开汽车走高速公路，要花费两个多小时的时间。“现在我基本上都是坐高铁往返北京、天津之间，不仅车次多，而且速度快，不到半个小时就到了，十分方便。从自己设计的北京南站、天津站上下车，自豪感油然而生。”周铁征坦言，当年设计北京南站和天津站时，自己对高铁还没有什么深入的认知，也没想到中国高铁会发展这么快，没想到高铁对经济社会发展以及个人出行方式、生活方式影响这么大。

北京南站是京沪高铁、京津城际铁路的起点站，是集铁路、地铁、公交、出租车等多种交通方式为一体的大型综合交通枢纽，更是2008年北京奥运会配套工程。这样一项万众瞩目的大工程，也是周铁征的得意之作。他充分考虑股道布设与周边用地，引入天坛设计元素，创造性地提出了椭圆形的解决方案，同时借鉴大量国外现代化车站的建设经验，带领铁三院设计团队与境外设计合作单位一起，不断优化和修改设计，探讨出适应中国国情的现代化铁路客站设计思路，有效解决了周边用地以及站房与站场有机衔接的问题，使北京南站成为综合性大型车站的典范、首都的新型地标性建筑。因在设计建造北京南站等工程中成绩突出，周铁征获得2010年全国劳动模范、全国五一劳动奖章等荣誉。

作为北京南站工程设计主持人，周铁征对这项大工程的设计故事记忆犹新、如数家珍。“从宏观上看，火车站要与地铁结合起来设计，这就是规划层面的事，需要与城市管理部门协调。当年刚开始规划的北京地铁4号线线位不在北京南站下面，而是在马家堡西路下面。我们跟北京市规划部门讨论，后来把4号线移到了北京南站下面。不仅如此，在北京地铁14号线还没有完全确定线位的情况下，我们当时就在北京南站地下设计预留了位置。现在看来，设计还是具有前瞻意识的，如果北

京南站地下仅有一条地铁线路，根本无法满足客流需求。”周铁征说，他们还精细考量，把北京南站周边做成环形的道路，为的就是让旅客更便捷地进出站。很多人可能不知道，北京南站并不是在北京中轴线的正南，而是向东偏了 37 度。这是铁路车场造成的，但是北京的路网基本上都是正南正北，周铁征他们当时设计的时候，就想到把它做成一个圆形或者椭圆形，既能消除跟城市整体布局存在的违和感，又能方便社会车辆沿着环线流动。

“现在咱们叫体验，以前叫感受。我们设计站房，还要考虑让大家的体验跟以前不一样，要有很大的提升。不管是整个空间环境的塑造，还是换乘流线的设置，其实都是为了让旅客在换乘过程中能有比较好的体验。”周铁征认为，除了考虑宏观规划、旅客体验之外，如果再往深里讲，站房设计必须注重细节。在他看来，细节很多，现在大家都习以为常了，但在当时的情况下，设计师还是做了很多工作，寻求了很多突破和创新。比如，原来的高架候车厅大都是划分为一个个小格子，后来的候车厅很多就改造为一个整体的大空间，能容纳更多旅客，且感觉更宽敞明亮。再比如，把候车室架在轨道上，大大节省了占地，这在当时都是一些非常新的措施。“车站很多转角位置都尽量避免做成直角，为的就是减少旅客的磕碰；进进出出的门口，很多宽度都加大了，为的就是规避大客流拥挤现象……人民铁路为人民，这句话说的真没错，铁路人做的工作时时刻刻体现以人为本，从设计阶段的细节就能反映得淋漓尽致。”周铁征说。

周铁征坦诚，铁路站房设计师是踏着前人的脚步前进的。“北京站号称是新中国‘十大建筑’，北京西站也是20世纪90年代的首都门户，建筑质量都没得说，但北京西站的站前拥堵、北京站的客流容量饱和等问题也逐渐显现，这都启发我们设计要有超前意识和前瞻思维。北京站、北京西站在设计中应用了一些中国传统建筑形式，不能说它不好，只是它比较难以适应现代车站更大空间、更大跨度以及更强实用性的要求。”周铁征说，北京南站和天津站应用的设计理念，在中国高铁站房设计中起了一定的引领作用。他认为自己赶上了中国高铁快速发展的好时候，不断跟其他站房设计大师学习，后来陆陆续续设计了天津西站、于家堡站、上海虹桥站、济南西站、哈尔滨站等十几座站房。“在北京南站和天津站的站房设计中为中国的建筑设计做了一些开创性工作，那段经历也是我人生中的重要印记和宝贵财富。”周铁征说。

遇到雄安站，创新融合

2018年12月1日，周铁征心心念念的雄安站开工建设。“国家层面对雄安新区定位很高，城市建设要求也高，中国国家铁路集团有限公司也要求做到交通强国、铁路先行。这需要我们把好设计关，做一些创新性工作，努力提升车站品质。品质不仅指施工质量，更注重内在，包括现在提倡的智能铁路，如何让车站更好地提供智能服务，这一切考验着设计者。时代在发展，人们的需求在变化，我们也必须探索新的设计形式。”

在周铁征看来，当下最值得设计者关注的就是站城融合的设计形式。“雄安代表中国城市未来的发展方向，在这个全新的城市里，我们需要做的工作也是超前的，要尝试把车站和城市更紧密地融合一体设计。”周铁征满怀期待，“雄安将来可能要达到 90% 绿色出行的目标。设计建造一个满足绿色出行的综合交通枢纽，可能跟北京南站的形式就不一样。我们设计中的每一步，都有很强的示范性、带动性。”

“有人将新中国铁路站房设计历史划分成 3 个阶段，第一个阶段是 1949 年至 1976 年，站房一般比较小，代表性车站是北京站；第二个阶段从改革开放后到 2000 年之前，北京西站、上海站、沈阳北站、济南站、杭州站等都比较有代表性；第三个阶段是 2000 年以后，高铁站房从无到有，站城融合的概念也是这个时候逐渐被中国设计师引入。”周铁征娓娓道来，“站城融合这个概念最早是日本围绕地铁站提出来的，叫 TOD 理念，侧重交通引导开发。”

据介绍，20 世纪八九十年代，铁三院领导派人去日本学习。日本火车站附近地皮贵，客流大、车站使用率高，所以火车站都盖成大楼模样。“其实大楼只是外在表象，真正的站城融合要求火车站和城市能够有效、无障碍地衔接起来，让火车站成为城市的中心或者城市集散的场所。北京西站盖了大楼，但在站城融合方面其实还有很多工作要做。旅客从车站下来之后，可以不需要任何的交通工具，步行就可以走到家里或者酒店、商场，这就提高了城市的运转效率和火车站周边的开发效益，还给城市提供了一个公共场所。北京南站还没有真正做到站城一体，雄安站应该在北京南站基础上进行大的提升。”在周铁征头脑里，雄安站的设计将有一个新的飞跃，有望推动铁路车站更好更快地向智能化、站城一体化这一新阶段靠拢。

建筑是凝固的音乐。“建筑本身就是艺术和技术的结合。我觉得这话是针对古典建筑的，现代社会建筑除了要赏心悦目，可能更趋向于功能使用，讲究外美、内实。”周铁征说出自己的理解，“建筑不仅仅是一个雕塑、艺术品，而是跟飞机、汽车一样，变成一种让人用的住人的机器了。当然，车站本身还得有设计感，要有创意，让旅客看到后就有一种愉悦的体验、感受。设计博物馆、展览馆，艺术性要求高，但设计火车站，它就更强调功能性。车站设计不仅要跟着功能走，还要跟着技术条件走，因为咱们的铁路现在都是高架候车厅，跨越车道，技术要求很高。真正考验车站设计师能力的其实是一些具体的细节设计，比如构件或者吊顶、铺地砖缝等，这些都彰显车站品质。如果能把多个专业结合得很好，这就是一个好建筑。”

周铁征强调，车站设计中的变化，深刻反映着时代的变迁。由于人们获取时间的手段愈发多元，高铁车站逐渐取消了原来车站设计中常用的钟楼；考虑用地紧张状况和空间布局合理，高铁车站的进站扶梯也越来越多在进站口两侧横向设置……“这样的例子还有很多。建筑设计师是一个集成专业，大到站房选址、小到核对砖缝都要做，要把水、暖、电、声音等各个专业协调好、组合好。”周铁征分析道，高铁车站是铁路“窗口”，跟老百姓息息相关，用的人多，评判的说法也多，这给设计师提出了更大的挑战。“北京南站启用已经超过 10 年，估计服务过两三亿人次，绝大多数人是认可站房设计的，这给予我很强的成就感。”周铁征说。

俯瞰北京南站 / 原瑞伦 摄

无巧不成书。周铁征的父亲当年是沈阳北站的设计者，车站改造的时候周铁征接班。他们被誉为沈阳北站“父子兵”，为沈阳北站的设计和二次改造付出了心血。“老父亲干了一辈子铁路，感觉变化还不如这十几年的变化明显。他说高铁速度太快了，以前真不敢想象，鼓励我好好干，设计更加便捷的车站。我女儿是‘90后’，北京南站建设时曾经跟我到工地上转过。她在北京工作，经常到天津站、北京南站坐车，不点赞罢了，还跟我吐槽说车站设计的不足。不管是老父亲的夸赞还是女儿的吐槽，都是激励我设计好高铁站房的动力。”说起家人，周铁征眉目间乐开了花。

对于未来的高铁站房，周铁征有不少期许。他希望可以通过技术进步或管理体制改革，进一步优化车站作业流程，让设计更好地体现出价值。“比如将来验证验票，可以更多地应用人脸识别，让设计更多地融入智能化手段。比如说安检，可以实现地铁和火车站的互信互认。雄安站设计中就提出了这一新理念，我觉得挺好。为避免火车站周边拥堵，我们可以把换乘功能转移到城市换乘中心去实现，通过电瓶车把换乘旅客拉进车站。当然，这可能带来一系列新的问题，值得我们作为课题去研究。但最重要的是，我们要敢于思考、勇于创新，在实践‘畅通融合、绿色温馨、经济艺术、智能便捷’铁路客站建设理念的路上不断前行。”他坚定地说。

谈及下一个10年的职业生涯，周铁征说“还没有认真规划”，他只想趁着国家发展的好时代，在退休前多给中国铁路设计做点事情。前路是星辰大海，像周铁征一样的站房设计师还在殚精竭虑、执着思索，用心打磨高铁线路上的“珍珠”，将给我们带来更多亮眼的惊喜。

“三高”动力源

高铁跑得快，全靠电来带。这群整天在夜空之中、高铁之上干活的人，位置站得高，作业风险高，更是靠高度的责任心，确保高铁接触网的安全。

采访对象

陶钧，郑州供电段郑州东高铁供电车间主任。

扫一扫，观看采访陶钧视频

很多人说到高铁立马就会想到高铁车站服务员、高铁列车员，抑或是高铁司机。其实，除了这些旅客能直接面对的高铁人外，还有很多社会大众接触不到的幕后英雄，他们有着共同的目标，那就是安全、优质、高效、顺利地把旅客送到目的地。

陶钧就是其中之一，他们不像列车员那么光亮、甜美，他们基本上是昼伏夜出，他们的工作环境在高铁之上、高空之中，他们的主要任务就是确保给列车提供牵引动力的高压电网安全和畅通。

见习时就特别想去现场参加任务

陶钧于2000年初中毕业，考上郑州铁路职业技术学院，学的是铁道供电专业，算高等专科。那会儿他对铁路的认知不多，当时的目的很简单，就是因为上铁路院校毕业后可以到铁路单位工作。

经过5年的学习，2005年他如愿进入铁路单位，分到新乡供电段，机构改革时，两段合并，就成为郑州供电段的一名职工了。刚开始，他在一线做普通的接触网工，后来通过考试，被聘为技术员，干部聘任考

核后开始从事高铁接触网专业的技术管理工作，包括线上的生产组织、人员安排，然后一步一步从现场到机关，再到现场。

“刚上学时，对供电专业没概念，工作以后才真正认识到接触网对铁路运输的重要性，接触网没电了列车就行驶不了。”陶钧说，“特别是进入高铁时代，要求更高，需要不停地学习，因为很多设备跟原来的大不一样。”

上班后，陶钧先在新乡供电段见习，当时新乡供电段正承担第五次大提速后的适应性改造工程施工任务。2005 年 10 月，那是第一次遇到应急任务。他特别想跟着师傅们出去维修，了解施工现场情况，毕竟以后是要从事这项工作的，希望能早点掌握一些业务技能。虽然 10 多年过去了，陶钧还是难以忘记。他说，“第一次进入高铁施工现场，都有些惊着了，现场设备跟普铁比，可以说是翻天覆地的变化，有一些东西都叫不上名，需要翻图纸、查资料，来掌握原理和技术标准。”

接触网跟地面上的钢轨一样，也要求高平顺度，如果拉得不紧，线索就存在驰度，会影响列车速度，如果拉得太紧则线索自身可能承受不了，线索要控制一定的粗细，太粗了，控制驰度就更困难，就像绳子变粗了之后中间会存在驰度一样，所以要有适当粗细的线索和适当的张力相互配合。跟高速公路一样，高速铁路需要接触网的平顺度更高，特别是在接触网五六米范围内，普铁要求高度误差在 30 毫米之内，高铁要求高差必须控制在 10 毫米之内。”

坚持在干中学，学中干，日积月累，陶钧的业务能力很快得到提高。

这么多年从没带媳妇出去旅游过

2011 年 11 月，是京广高铁验收最频繁、强度最高的时候，陶钧就在这里介入验收。作为技术员，现场的施工组织、生产任务的安排，伙计们的吃喝拉撒都是由他安排，整天忙得很。

偏偏老家定好的结婚日子在这期间，陶钧说：“我说走不开，我爸说你回来就是参加婚礼，走个仪式，别的都不用管，完了该干嘛干嘛。”结果，他回了老家信阳三天。头一天回去，第二天举办婚礼，第三天回门，然后就赶紧回单位工作。家里还是很支持他的。

陶钧的媳妇是老家的初中同学，在省科学院工作。人家都度蜜月，他们却没有度过。“我媳妇也经常说，这么多年我从来没有带她出去旅游过。媳妇有意见也没有办法，都知道是为铁路做贡献。”

刚结婚的时候，正赶上验收京广高铁。一两个月才可能回家一次，睡一觉休整一下，第二天又去，甚至有的时候，头一天晚上干完活，再整整资料安排好第二天的活，可能都晚上八九点了，然后开车回宿舍，第二天早上五六点又起来去现场。陶钧说一开始媳妇有意见：“结完婚都见不到我人，慢慢时间长了，也理解了。有的时候，晚上突然刮风下雨，我就考虑天气情况看需不需要去单位，翻来覆去睡不着，她说要不你去单位吧，你也睡不着还影响我，你去单位睡觉还更安心一点。现在很支持我，天气一预警，她就直接说：打雷了，下雨了，赶紧去单位。”

陶钧夫妻和孩子一直两地分居，孩子三岁前都在老家，由爷爷奶奶照顾，陶钧基本指望不上，平时一个星期可能回家两天，有时还会赶上值班。小孩四五岁该上幼儿园了才接过来。的确也没办法，他回一趟老家坐高铁也得 2 个小时，开车至少 5 个小时。2016 年他老父亲有病在北京住院，临手术的时候，陶钧才从郑州赶去北京，手术完没几天又赶回单位。他的心里面总是放不下工作。

安全工作来不得一点马虎

供电专业安全风险特别大。夜间登高作业，危险性本就比白天更高，而且经常是在桥上作业，桥本身很高，还得在桥上悬空，高度更高。线路也比较窄，而且高压达 27.5 千伏，非常危险。

对于公众来说，在公路上开车如果出了问题把车停那就可以了，车内有空调；高铁接触网一旦出问题，特别是暑期，电没了空调也没了，旅客闷在车里很难受。每次调度电话一响，陶钧他们就要竖起耳朵听听什么事，心里总担心会有什么问题，是不是有什么异常情况，如果一条线有问题影响的就是 10 多公里。

在季节变换的时候，郑州风比较多，特别是降温的时候，大风吹起的塑料布、防尘网容易造成接触网异物故障，一旦发生故障，处置时间最少要一个小时。

2018 年 5 月发生的一起故障，就是因为一个防尘网被风刮到京广高铁的接触网上了。当时旅客打电话给都市报投诉，记者还到现场采访，“我们带他去沿线看，介绍我们前期做的工作以及后期的应急处置过程，赢得了他们的理解，把坏事变成了好事，有效宣传了异物包括沿线单位乱扔生活垃圾对高铁的危害。特别是郑州周围的城乡结合部，防尘网特别多，在大风天的时候，容易把这些防尘网卷起来危及高铁安全。我们平常在巡线的时候发现了问题告知相关单位，也给政府相关部门发函、发通知，但是有些企业落实责任不到位，对列车运行造成很大的影响。”他说，“高铁几乎都是高架桥，不像普铁旁边有路，我们可以直接过去，高铁两侧都是封闭的，我们要按规定办手续，另外从出入口到故障点有一定距离，走过去需要时间，但有些旅客不能理解停车原因，也不了解这些情况。其实，维护高铁安全需要大家共同努力。”

郑州站是大枢纽，一天到发列车200多列，枢纽不能有问题。陶钧所在车间管辖的范围，南边到许昌，北边过了黄河桥，西边是从东站出去10多公里，东边也是从东站出去10多公里，东西跨越20多公里，南北纵贯111公里，联络线比较多，达14条，车站比较大，32股道，动车所43股道，以后还要扩建，总体任务量很大。

郑徐高铁2016年5月份开始联调联试，之前要进行验收、检查，他们早上天不亮就起来，凌晨5点多人已经在现场准备检查的工具了，吃饭都在现场，天黑才回。检查组约有20个，最远的相距有10多公里。200多公里的线路，要求在两个月之内检查两遍，工期压得比较紧，职工们就住在沿线，干到哪住到哪。有时送饭只能是从桥上把饭用绳子送到下面，大伙儿饭后简单休息半个小时，又开始工作。

陶钧想起那年郑州到机场城际铁路施工的情景，因为距离京广高铁联络线比较近，需要改造支柱。桥面最高的地方达到30米，需要连续干五天，管理人员要全程跟下来，指挥现场作业，早上起来，要联系安排晚上作业的施工细节，连续五六天，每天只能休息三四个小时。他说，干到最后两天的时候，整个人都感觉头重脚轻，特别是夜间，吊车在操作时，还要想办法考虑怎么解决超重报警问题。

陶钧说：“有一次我和同事去处理故障，为了赶时间，需要跑着去，身上背着几十斤处理异物的杆和一些其他工具，从桥口到异物大概有1.5公里，高铁的桥面曲线是斜的，弯道上去线超高达到165毫米，而且是水泥板，在上面跑感觉特别难受。跑过去脸都白了，上气不接下气的，还不能耽误处理故障，异物挂在接触网上列车就过不去了，要想尽一切办法快速处理。当时天气比较热，回来后连喝了两瓶水，歇了20分钟才缓过来。”

高铁线路在冬末和春初鸟害比较多，对高铁供电安全影响比较大。2016年年底的一天，突然降温了，天下雪，冷风不停地刮脸，当时陶钧和一个同事去处理异物，出了很多汗，穿的棉袄都湿透了，半夜在桥上被冷风吹，第二天脸上很难受，去医院一检查被确诊为面部神经炎，中风了，俗称面瘫。当时陶钧是车间副主任，现场施工很多工作放不下，上午到医院治疗打点滴，下午就到现场干活。别人介绍了一个偏方，贴膏药，结果把脸全部弄伤了，都是破皮，同事们看着都很心疼，家人看着更是心疼。

陶钧介绍，高铁站每个车间都有专职的安全员，安全工作来不得半点马虎。从近两年高铁安全情况综合分析，路外的问题比较多，类似于异物挂在接触网上，无法取流或影响机车受流。再就是雷击、鸟害。高铁的应急处置和普速铁路有本质上的差别，高铁列车一旦停车，本身自带蓄电能力有限，夏天热的时候，高铁上空调停转，饮用水停供，旅客受不了，因此应急时间要严格把控，只能说越快越好。高铁类似这种桥体一样的区段特别多，并不是每个桥口都距离故障点特别近，需要安全员从桥口上专门走救援通道进入线路，或者是从就近的车站添乘后到现场处理。

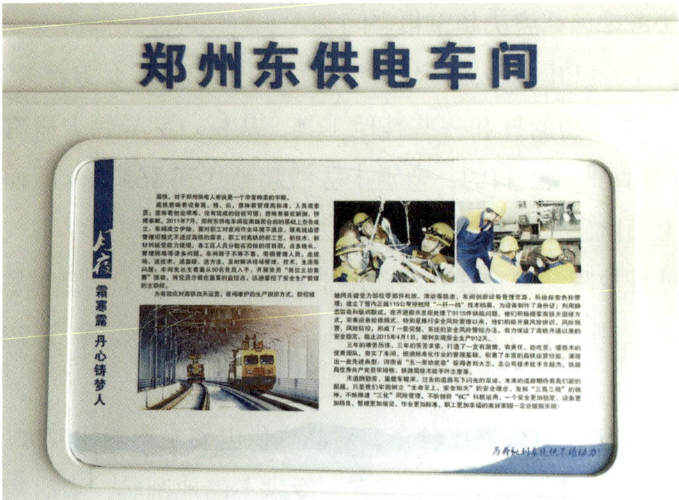

不论干什么首先要用心

铁路有个术语叫“天窗”修，主要是日常对线路上一些设备的检查、保养、维修。高铁的“天窗”修要求特别规范，必须保证万无一失。

夜间“天窗”作业,时间持续比较长。一般下午五六点就开始安排，晚上 8 点多开会分工，晚上 10 点备料、列队，准备去现场。动车所离郑州东站有七八公里，需要提前运行到东站，晚上 10 点半前全部到位。“天窗”是凌晨 4 点 10 分结束，回到单位可能快 6 点，天已经亮了。这样一次作业从头天晚上 10 点开始，到第二天早晨 6 点，将近 8 个小时，如果是轨道车作业，人也要在那一直盯着轨道车及伙计们的人身安全。

集中修可能一次性要投入 100 人，一些小型的检修，可能就在 10 到 15 人。陶钧这个车间有 130 人。有时候是联合好几个车间一起作业，如维修车间，有时候使用车梯达 15 台，设备数量、人员比较多。高铁维修主要是夜间作业，有的时候晚上刚做完夜班，早上 5 点多回来比较兴奋睡不着，或者刚睡着，早上六七点又发现一个应急，一天下来就几乎没休息了。

除了累，还有就是心理压力。一次接到电话说在郑州东到许昌东这个区间可能有设备脱落，陶钧赶紧组织现场排查，结果设备上没有异常，现场巡视包括“天窗”检查也没有发现问题。下午又巡视，工长、副主任带着技术员分别巡视了两次都没有发现问题。但必须一直追查到底，后来通过查看铁路网络信息，知道这辆车是属于成都局贵阳车辆段动车所的，又通过网站查找电话、费尽周折，打到动车所，请随车机械师将手机录视频发过来，但像素比较低不清楚，只能等车回库检修的时候再看，直到凌晨 3 点多才获得消息，原来是被鸟撞了。因为这只鸟，陶钧他们折腾了一天，担惊受怕了一天。

还有一次，陶钧正在会议室开会，有一个伙计看到一个很大的防尘网在空中飘，因为下面是高铁线路，陶钧就一直盯着它，看着往南边飘，希望赶紧落下但别落在高铁线路上，过了20多分钟，司机反映说发现线路上有防尘网，是挂在上面的线路，防尘网比较大，有20多平方米，奋拉着影响着正线。陶钧先把正线的问题处理了，同时安排人去处理联络线，整个处理得非常及时，没有影响到什么车。

跟沿线其他车间比较，陶钧这里的设备比较多，虽然运营公里不长，但是站场大、集中，单项设备也比较多。两个大站场，郑州东动车所和郑州东站，别的车站可能只有五六条股道，这里仅郑州东站就有32条股道，比如检修分段绝缘器，对其他车间来说，两天可能就干完了，在这里可能一个月都干不完 。全段的设备统计表里，高铁总共有132台分段绝缘器，商丘车间只有不到20台，其他全在陶钧所在车间。车间管内设备比较多，也比较复杂。陶钧说有一次在郑徐线上处理异物，这里是六线并行，异物在从外往里数的第四条线上，为了确保人员安全，陶钧跟调度说要封锁四条线，因为人员要越过前面那些线才能过去。调度不清楚具体情况，陶钧跟他交流了半天，因为线路太复杂。要是在区间里面，就是上下行两条线，很好判断，在枢纽就需要精准辨别，要封锁哪条线路，而且应急的时候，更要清晰判断异物搭在哪条线上，像北边从郑州东出来之后有10多条线并行出去，难度比较大。高铁时速300多公里，异物对安全影响很大。供电就是这个特点，高空、高压、高速。

从普通工人到技术员、副主任，再到主任，陶钧干活讲究效率和质量，要把整个工作做好，想方设法把工作安排得更周全更完美，坚决杜绝马虎了事。陶钧说：“不论干什么，首先要用心，要把本职工作想方设法地干好，别不爱干的就推出去，这是最起码的职业道德。当学员时，我干技术活；在大修车间干技术员时，操心生产组织，在现场天天爬杆干活，同时还兼职安全员、计工员，记考勤，给伙计们算奖金……我比别人付出了更多，一个人干的活是两个人、三个人干的。等过了两年，再干其他岗位时，我发现很多东西我都知道，都在现场干过，所以我比别人知道的更多，把自己锻炼出来了，所有的经历都是自己的积累；在遇到某个事的时候，大家都想多付出一点，多加一个班，多跟一个点，多说几句话，目的就是把工作干好。”

陶钧说，高铁与普铁比主要还是作业时间的问题。既有线是 90 分钟，我们是 240 分钟天窗时间，全国高铁都是这个时间段。因为是晚上作业，照明光线不好；有的人可能不适应高铁夜间作业的情况。正常情况下是白天活动、晚上睡觉，猛地改到了晚上工作，白天睡觉就睡不着。凌晨 4 点半天窗结束，收拾完之后基本上 5 点多，如果早上 6 点回家，夏天还好，冬天天黑，再加上一晚上作业，回家路上安全也是问题，所以班组休息室里面装了两层窗帘。让伙计们睡醒了中午再回去。段里为了让伙计们更好地休息，要求站段的科室上午不允许往高铁车间打电话，除非是报事故、报应急。这一做法赢得大伙儿称赞。

奋斗的姿态

铁路真为我们争了气

从绿皮车到和谐号，再到复兴号，是国家从站起来、富起来到强起来的生动注解。放眼神州，望着高山平原、乡野城市间的那一道道闪电，我们非常自豪……

采访对象

黄健，广西壮族自治区人民政府参事，曾任广西新闻出版局党组副书记、副局长，广西政协第十一届委员、广西政协文史和学习委员会副主任。

扫一扫，观看采访黄健视频

"离开高铁，我都觉得没法生活、没法工作了。"黄健自认为是广西坐高铁最多的人。

2018 年 10 月 22 日，在柳州接受采访前一天，黄健上午还在南宁的广西民族大学开讲座，中午就坐上动车到柳州，赶另一场讲座。柳州的事情办妥，又坐动车回南宁。

柳州至南宁间相距近 230 公里，高铁动车最快 59 分可抵达，是名副其实的两地"同城生活"。"一天内两座城市开两场讲座，每场都 200 多人，而且都是高校老师和学生，假如没有高铁，你能顶得住吗？顶不住吧！"黄健自问自答，言语中带着一丝得意。

从小就十分憧憬和向往铁路

60 多岁的黄健，现任广西壮族自治区人民政府参事，曾任广西新闻出版局党组副书记、副局长，广西政协第十一届委员、广西政协文史和学习委员会副主任，外出讲课如今已是他日常工作生活的重要组成部分。而高铁动车，是他出行的首选。"一个星期七天，我至少有三四天在高铁上。”

黄健与铁路结缘，并非始于在广西开通高铁，应该说从他出生就已经注定了。

他的父亲是原衡阳铁路局的一名职工。1953 年，衡阳铁路局拆分为广州铁路局、武汉铁路局和柳州铁路局，也是那一年，黄健降生了。黄健父亲带着家人来到广西柳州，自此便在广西扎根。

从小在铁路家庭长大，黄健对铁路有着特殊的感情。他清楚地记得，那时候的铁路制服上还有五角星。每当看到穿着铁路制服的人，看着上面的五角星，黄健都会不自觉将铁路人跟军人联系到一起。在那个年代，老百姓对军人有着特殊的好感。也正因如此，黄健对铁路也始终怀着憧憬和向往。

上小学时，学校政治老师曾问黄健长大后有什么理想。黄健说，他的理想就是到铁路工作。那时他才 11 岁，他的理想也是无意中讲出来的，“因为那时候看到先进的生产力就是铁路部门，无论是管理体制，还是机车运用，都很高效，感觉那个就是生产力，就是科学技术”。

黄健的话在历史的发展中得到了印证。

柳州，湘桂、焦柳、黔桂铁路在此交汇，长达半个多世纪以来一直是广西铁路的枢纽，也曾是全国唯一一个不在省会的铁路局所在地。作为先进生产力的代表，铁路在柳州建设发展中发挥着举足轻重的作用。在铁路强大运力的支持下，柳钢、柳工、五菱汽车等需要大量原材料运输和产品外运的企业迅速崛起。如今，柳州已成为广西最大的工业基地，工业总产量约占全区五分之一。

“柳州是一个移民城市，铁路很发达，它带来了真正的生产力解放，也带给柳州开放的精神。”黄健说。后来因为种种原因，黄健终究没能成为一名铁路人，不过他始终关注着铁路的发展变化。他说，这将是终生相伴的情怀。

高铁带来的“诗和远方”

1998 年，黄健到日本东京，第一件事就是体验新干线。他说，那时候，新干线的列车时速已经达到了 210 公里。而在中国，1998 年 10 月 1 日进行全国铁路第二次大提速后，除了广深快速列车最高时速达到 200 公里，非提速区段快速列车最高 120 公里 / 小时、特快列车最高 140 公里 / 小时，全国铁路平均时速才 57 公里。显然，与日本新干线比，我国铁路运行时速相去甚远。

“那时觉得日本真发达，了不得。”黄健感叹。2014 年 10 月，他再次去日本，又一次体验新干线，“我走的是原来的路线，所有一切都是跟以前一样，列车还是那个速度，车站也没有变。”

鼎尝一脔，豹窥一斑。从黄健的话可以看到，这十五六年日本铁路发展似乎在原地踏步。然而，回望中国，却是另外一种画风。

20世纪90年代，我国铁路部门以改变“经济发展受制于交通瓶颈、群众出行受困于一票难求”为目标，组织开展了高铁基础理论和关键技术研究，实施了既有铁路大规模改造。2004年1月，国务院常务会议讨论通过了新中国历史上第一个《中长期铁路网规划》。2008年10月，国务院批准《中长期铁路网规划》调整方案，把发展高速铁路作为重要内容，明确提出建设“四纵四横”高速铁路网。

2013年至2017年，全国铁路完成固定资产投资3.9万亿元，新增铁路营业里程2.94万公里，其中高铁1.57万公里，是历史上铁路投资最集中、强度最大的时期。到2017年底，全国铁路营业里程达到12.7万公里，其中高铁2.5万公里，占世界高铁总量的66.3%，铁路电气化率、复线率分别居世界第一和第二位。

黄健的亲家远在云南昆明，对曾经的入滇之路，他记忆犹新。在1997年底南昆铁路开通之前，他看望亲家，要从柳州绕道贵阳，再转车前往昆明，路上时间将近20个小时，不得不选择飞机前往，后来，即使是南昆铁路通车了，从南宁坐火车也要13个小时。2016年底云桂铁路开通运营后，时间缩短到4个多小时。

2018年国庆黄金周，黄健的亲家从昆明坐高铁到南宁，与黄健一家及其4个学生会合后，一行14人5天内畅游北海和柳州，真正体验了什么叫“快旅慢游”。“高铁一下子把时空缩短了，还有城市之间的交流也拉近了，还改变了人们的生活方式和思维方式。”黄健感叹道。

放眼神州大地，如今一趟趟高铁动车宛如一道道白色闪电，在高山与平原、乡野与城市间穿梭疾驰，将旅客带到“诗和远方”。据了解，2018年国庆期间，全国铁路累计发送旅客突破1.3亿人次，相当于墨西哥全国人口的总和。

领跑的复兴号

“改革开放 40 年一个重要变化就是铁路的变化，其中一个重要标志就是高铁的出现。”黄健说，“‘交通强国，铁路先行’，高铁的进步反映一个国家的进步，这也是一个民族的进步。”外国评中国“新四大发明”，排名第一的便是高铁。尤其是具有完全自主知识产权的复兴号动车组，运营时速高达 350 公里，创造了世界动车组最高运营时速，成为全球高铁的里程碑。

黄健喜欢乘坐复兴号。广西运行的复兴号车型身披金色腰带，格外喜气，她有一个霸气的名字——金凤凰。作为资深媒体人，黄健一直笔耕不辍。虽然他大部分时间都花在出差上，但这并不妨碍他创作。他说，他的电脑就是他的办公室，无论去到哪里，他都会带着他的电脑。复兴号上环境好，还有 Wi-Fi，饿了还可以直接在座位上扫描二维码点餐，进行办公和写作一点问题都没有。

黄健将这归功于中国铁路的科技创新，使他的出行变得方便快捷。像他这么频繁坐火车的人，车票是必不可少的出行凭证，但他从来不用为买票担心。手机在手，买票无忧。他是一个能跟上时代潮流的人，手机里安装了“铁路 12306”、高铁管家、携程等 APP，买票、改签足不出户就能办理。

黄健一直很关注铁路发展，小到柳州站、南宁东站的站房面积，大到有关中国铁路参与的国际盛事，他都如数家珍。2018 年，印尼雅万高铁、中老铁路、巴基斯坦拉合尔橙线轻轨工程务实推进，匈塞铁路塞尔维亚境内段项目取得积极进展……在 2018 年上海举办的首届中国国际进口博览会上，复兴号动车组模型、模拟驾驶台与中欧班列电子沙盘联袂“登台”，展示着中国铁路的科技范儿、国际范儿。

抚今追昔，从曾经的追赶者到如今的领跑者，中国铁路有理由让中国人民感到自豪和骄傲。正如黄健所说：“以前人们都说有山必有路，未来是有铁路必有复兴号，铁路真是为中国人争了气。”

铁路服务又升级了

黄健为中国铁路服务质量的提升备感欣慰。

2018 年元旦，在桂林出差的黄健因为身体不适，不得不改变行程，提前回南宁。因为临时改签的车票是站票，而黄健正在发高烧，这让他有些担心。不过上车后，他发现这些担忧是多余的。他跟列车长说明自己的身体状况后，列车长很快帮他找到一个座位。一路上，列车乘务员还为他端茶送水，贴心服务，他感到十分温暖。

“以服务为宗旨，待旅客如亲人”，这绝不是一句挂在嘴边的口号，而是根植于铁路人内心的行动自觉。2018 年春节，大年初一，黄健坐动车去昆明。在这个中国传统团圆的日子里，黄健没有感到出门在外的孤独，因为旅途中，列车乘务员给车上旅客送来饺子等食物，让他感到喜乐融融的别样团圆。

“列车上的服务人员把旅客放在第一位，这是一种人文的服务理念，也是我亲身经历后的感悟。”黄健说。作为“广西坐火车最多的人”，他对铁路服务的变化了然于胸。现在列车乘务员比较注重仪容仪表，车上作业标准化，定期整理列车行李架、打扫车厢卫生，就算小朋友不小心打翻饮料，保洁员也会马上清理干净。

印象最深刻的大概是“厕所革命”。2017 年 11 月底，习近平总书记作出重要指示：坚持不懈推进“厕所革命”，努力补齐影响群众生活品质短板。铁路部门积极响应党中央号召，扎实推进“厕所革命”。“在广西坐火车，车上厕所水不会断、纸不会缺，列车乘务员还会定期喷空气清新剂，厕所环境保持得很好。”黄健说。

厕所虽小，民生事大。随着我国铁路网的快速完善，铁路运力不断攀升，旅客对出行的要求不单是走得了，还要走得好。一路走来，黄健清楚地看到，列车升级、环境升级、服务升级……中国铁路从未停止前进的脚步，只为让老百姓的出门更加美好。

“高铁上的座位一放可以睡午觉，安全感好，舒适度高，空气又清新。可以说，高铁是改革开放 40 年来最大的成果之一，也是老百姓获得感、幸福感最强的地方。”黄健说。他举了个例子，南宁到柳州的动车票最便宜才五十多块，而在南宁随随便便打个车都四五十块了，“高铁票价便宜的背后，是铁路主动承担社会责任、兼顾公益性要求的体现。”

“当然，现在铁路运输服务并非尽善尽美，还需要进一步完善。”黄健说。

路漫漫其修远兮。高铁时代，只是翻开了中国铁路建设发展史上新的一页，它必将伴随人民对美好生活的追求而不断书写新的篇章。

西南小镇开来高铁列车

这座位于西南的美丽小镇，令周边乡亲羡慕的不仅仅是在家门口就能坐上高铁，更叫人羡慕的是高铁为他们架起了一座让诗和远方近在咫尺的金桥，可以向世人展示家乡的美。

采访对象

吕宁，云南省广南县珠琳镇政府办公室主任。

扫一扫，观看采访吕宁视频

2018年7月1日，云桂铁路通车一年半后，云南省唯一的乡镇高铁站——珠琳站正式通车。依托云桂铁路西连昆明、东进广西广东的交通优势，深藏于大山，拥有美丽自然风光、独特民族风情和丰富农特产品的五彩珠琳渐渐绽放出迷人光彩。广南县珠琳镇政府办公室主任吕宁懂得人们对高铁的期待，也深刻感受到开通4个多月来高铁为这里的人们带来的变化。

盼望家门口坐上高铁

广南县位于云南东南部的滇、桂、黔三省交界处，是一个典型的山区县。

吕宁是土生土长的广南县人，是家中独子。那是2001年，19岁的吕宁背上行囊，一夜公路颠簸后，他第一次坐上绿皮车，开启人生新征程，成为了成都军区的一名新兵。多年后，虽然已记不清那次坐火车远行的样子，吕宁却记得那份心情，既忐忑又兴奋，对未来充满了期待。

在部队的日子，吕宁忙碌又充实，在一次次外出学习、旅游、探亲的路上，火车渐渐成了他出行路上最喜欢的“小伙伴”。

坐着火车，他和战友到处演习，每一次旅途都是他锤炼军人本色的宝贵经历。坐着火车，他和战友相约旅游，第一次乘坐高铁游都江堰的经历唤醒了他心中深藏的旅游梦想。坐着火车，他和妻子为了团聚奔波，一趟趟安全正点的列车见证了他小家庭甜蜜温馨的幸福。

2014 年，吕宁转业后，带着妻子一同回家乡定居，成为广南县珠琳镇铁协办的一名政府工作人员，负责正在建设的云桂铁路建设用地征地动迁工作。在这之前，吕宁只知道铁路发展为人们的生活带去了许多便利，并不知道铁路建设和运营管理背后的困难。“在外工作多年，想到铁路给自己出行带来的便利，我心里十分期盼家乡也能早日建成铁路。”吕宁坦言，抱着让家乡人民在家门口就能坐上高铁的美好愿望，吕宁铆足了劲工作。

吕宁的工作就像啃硬骨头，在大山里生活了祖祖辈辈的村民们不愿离开大山，征地动迁困难重重。“云桂铁路云南段长710公里，广南县段总长121公里，珠琳镇段长31.6公里，我们的任务十分艰巨……”说起当时为修建铁路付出的努力，吕宁如数家珍，这些浸透了自己汗水和心血的数字早已铭刻在心。

云桂铁路建成通车前，位于广南县西南部的珠琳镇仅有两条省道经过，不通高速公路，更不通铁路，交通不便成了阻碍这个大山里的小镇发展的最大瓶颈。

经过三年的努力，吕宁和同事们一起进村到户讲政策、做工作，足迹遍布周边24个村小组，完成征用永久用地4516余亩、兑现补偿款4306.36万元、房屋拆迁119户、学校搬迁2所的征迁任务，为云桂铁路的按时建成通车创造了有利条件。

2016 年 12 月 28 日，云桂铁路建成并开通运营，广南县一举实现了由地无寸“铁”向拥抱高铁的喜人飞跃。开通前，吕宁作为受邀代表试乘列车，心中百感交集。看着自己踏遍的山山水水从车窗外飞速掠过，他心心念念牵挂的还是努力促成珠琳站早日开站，让更多的老百姓享受交通通达的便利，让异地工作的自己也能畅享高铁缩短时空带来的同城红利。

2017 年 12 月，吕宁调珠琳镇政府办公室任主任，他更加坚定了推动珠琳站开站的决心。

“珠琳镇下辖 11 个村委会，除了珠琳村，其他十个村都是贫困村。”吕宁说，他们镇 90% 的耕地是坡地，花生、玉米、烤烟、辣椒和高峰牛是当地的特色农产品。这些色彩缤纷的物产成就了五彩珠琳打造现代农业观光旅游产业的坚实基础。随着云桂铁路的开通，高铁一声笛响，为镇政府带领大山里的人们脱贫致富送去了春的信息和希望。

珠琳站是云桂铁路文山境内唯一的乡镇站点，开通后将成为邻县砚山工业园区及周边乡镇农特产品的集散地，对拉动区域地方经济发挥重要作用，同时使辐射区域的30余万居民获益，解决群众出行难问题。2016年12月28日，云桂铁路通车运营后，珠琳这个一半村民是壮、苗、彝、回、瑶等少数民族的小镇百姓对高铁开站的呼声越来越高。

人民有所呼，铁路有所应。2018年7月1日，珠琳站正式通车。通车当天，这个只有6万余人的小镇沸腾了。身着节日盛装的各族人民从四面八方赶来，不约而同地用热情洋溢的歌舞表达着心中对高铁的喜爱之情。

储存幸福记忆的时光宝盒

“高铁现在已经成了我们镇最闪亮的名片，家门口就能坐高铁的便利让我们备受其他乡镇小伙伴羡慕。”今年37岁的吕宁感叹，高铁架起了一座让诗和远方近在咫尺的金桥。

他以自己为例欣喜地讲述高铁带来的红利。吕宁的家在距珠琳镇52公里外的广南县城，汽车沿着弯弯曲曲的二级公路需要行驶一个多小时，既费时又疲累。有了高铁，吕宁的回家路近了、安全了、舒适了，居住地与工作地的距离也由原来自驾一个多小时压缩到乘坐高铁的十多分钟。吕宁还依托高铁，为家人量身定制了一次又一次安全舒适的高铁旅游。

几乎每个周末，他和家人都会乘坐高铁出行，不是家庭团聚，就是访亲探友，再不然就是异地旅游……当年，他带着家人乘坐高铁走遍了昆明、大理、河口和百色等地，高铁已成了他生活中必不可少的交通工具。

五一小长假，吕宁带着妻子和七岁的儿子、一岁半的女儿一家四口火车游，坐上动车到昆明，利用换乘的空余时间逛了孩子最爱的动物园，陪妻子在商场买买买，看望了自己的战友后，又坐上夕发朝至的火车转道大理，带着家人在大理古城“逛吃”，在洱海边看湖吹风，十分悠闲惬意。高铁舒适便捷、卧铺节约住宿时间和经济成本，高铁加普铁卧铺的出行十分符合他们带小孩出行劳逸结合、经济实惠的需求。

国庆长假，吕宁一家四口又策划实施了红河彝族哈尼族自治州高铁自助游。先乘动车到昆明，在昆明泡儿童乐园、逛书店、走亲访友后，租车到红河州自驾四日游，一路游建水、过蒙自、到中越边境河口，带着孩子边走边看，大人得到身心的放松，孩子得到眼界的开阔，实在大有裨益。

“火车出行，没有了家务和琐事的羁绊，我可以全身心投入到和家人相处的时光中，让我陪伴他们的质量变高。”说到总是选择铁路出行的理由，经过仔细思考，吕宁说，由于异地工作，自己和家人聚少离多，通过一次次用心计划的火车出游，他和家人的亲密感和幸福感节节攀升，火车不仅仅是交通工具，还是储存他和家人幸福记忆的时光宝盒。

脱贫致富的希望

谈话间，看到吕宁身后有一幅巨大的风景画，上面的山山水水美得像仙境一样，令人惊叹。吕宁回首看着墙上的图画非常自豪：“我的家乡就是这么美！只是以前没有高铁，人们不知道，今后，我们要努力通过高铁把它的美向世人展示。”从 19 岁离家远行到 37 岁努力建设家园，火车一直在这个大山儿子的成长中，如影随形。火车改变了他的观念、他的选择和他的生活，让他跟着时代飞快地奔跑……

如今，尝过了高铁甜头的他正在琢磨如何让高铁为他的同胞和乡邻带去甜蜜。

“我们镇十一个村有十个都是贫困村，高铁为我们带来了脱贫致富的希望。”吕宁介绍，他所在的镇政府早就开始依托高铁为当地百姓想出路、谋发展了。

珠琳站通车前，吕宁和铁路职工一起制作宣传单，进村入户，鼓励大家了解高铁、乘坐高铁。高铁通车后，珠琳镇政府依托高铁优势，积极打造珠琳站旁的老寨村发展民族特色乡村游，加快实施珠琳镇棚户区升级改造吃住游旅游新城规划，推动“千年壮寨”“九龙神山”“七星湖”和现代农业旅游发展，拓展当地高峰牛等农特产品外销等，积极为当地人民脱贫致富想法子、铺路子。

“听说随着坐火车的人越来越多，珠琳站还将增加车次，说不定以后我不用等周末，每天都可以回家了，坐火车就和坐公交车一样方便。这样一来，我们这里也会迎来更多游客，为小镇和周边区域30多万人的发展带来更多机遇。”临别，想到未来几乎触手可及的美好和幸福，吕宁的笑容更加灿烂，喜悦由心而发。

沿着高铁做生意

起初是在大连开公司，之后开汽车到沈阳谈生意，自从有了哈大高铁，这位民企老板就将业务拓展到长春、哈尔滨等地。

采访对象

胡斌茂，大连徽商经济文化促进会副会长，大连甘井子区政协委员，大连圣达天和科技有限公司总经理，大连世纪京泰家具有限公司总经理。

扫一扫，观看采访胡斌茂视频

从传销窝里逃出，卖过建材、卖过橱柜、做过装修、搞过信息化工程，一个安徽小山村里的农家娃脚踏实地成长为大连徽商经济文化促进会的副会长、大连市甘井子区政协委员，胡斌茂坦言，自己的人生因为和铁路有了交集，才得以从平淡走向精彩，书写新一代徽商属于自己的传奇故事。

高铁省时省力还舒适

来自安徽安庆的胡斌茂出生于 1979 年，1999 年怀揣梦想开始闯荡世界。毕业后被骗到广东惠州，发现陷入传销后，他想方设法总算逃了出来，接着转道大连寻找发展机会。

这时候的他，偶尔会坐火车回家探亲，火车对于他并不是生活里不可或缺的依赖和必需。1999 年到 2005 年，他从最基层的建材销售干起，跑遍了大连市的大街小巷，一个月穿坏一双鞋，这段经历为他事业的发展打下了坚实基础。

此后几年，他的业务越做越广，越做越大，直到 2012 年底，哈大高铁开通后，他和铁路的联系越来越紧密，铁路为他打开了一扇通往商业新世界的大门，也为他绘就了一张不断扩大的商业新版图。

“以前我们的业务主要是在大连本地，哈大高铁开通后，我们的业务慢慢开始沿着高铁发展，跨省成立了分公司，业务开始向整个东北拓展。”胡斌茂说，铁路拉近东北城市时空距离的优势让他看到了广阔的商机。

“我们做生意常常是在和时间赛跑，客户一个电话，我们就要迅速回应，甚至上门解决。”对于经商的人来说，时间就是金钱，高铁以其高速度、高密度、高舒适度的交通优势成了胡斌茂的商务出行首选。

他举了一个例子。高铁开通前，他从大连到沈阳一向选择自驾，凌晨3点出发，早晨六七点到，赶在别人一上班就可以开展业务。办了事下午再开着车赶回，这样十分疲惫，一天都在紧张奔走。

哈大高铁开通的第二天，他就兴致勃勃地去“尝鲜”了。早上6点大连上车，早上8点沈阳下车，办完事中午就可以返回,省时省力。“高铁安全、舒适、便捷，我要么在动车上打开电脑办公，要么拿出手机娱乐休闲。路上的时间能合理利用不浪费。”

业务向东三省拓展

对于总是把时间花在路上的商务旅客来说，高铁成了他们越来越依赖和青睐的出行首选。说到这儿，胡斌茂又想起了一个生动的故事。

2017 年冬，胡斌茂有一天准备从合肥飞回大连。没想到天公不作美，大连天气不佳，航班一再取消。他在合肥机场等了又等，盼了又盼，足足待了 48 小时，仍然没有航班。无可奈何之下，他灵机一动想到了高铁，准备实施“曲线救国”方案，计划从合肥飞沈阳，再从沈阳坐高铁回大连。可是等他把路线规划好了再去实施时发现，高铁票已经被一抢而空了，原来大多数航班受阻的旅客都和他想到一块儿去了，他只好扼腕叹息。

风雪无阻的高铁让胡斌茂深深信赖，可靠是胡斌茂对高铁的评价。这种可靠不但让他心中有底，还让他心怀感动。

记得有一次，他从沈阳处理完业务坐高铁返回大连，晚饭时喝多了，到了车站感觉有点不舒服，车站客运员了解情况后，贴心地把他送上了车，车上的客运员接过暖心服务接力棒，搀扶着他找到了座位。凭着安全舒适的硬实力和优质服务的软实力，高铁又一次刚柔并济地成就了他的圆满出行，而这次经历也让他一想起来就觉得温暖。

近年来，依托着靠得住的高铁，胡斌茂的事业也随着高铁网的建设和完善不断延伸，跨地区、同城化的便捷交通为他探索跨领域发展提供了助力。他的业务从大连一个城市向着东北三省多个城市拓展，商业布局渐渐连片成网，业务范围也由传统的家具业务向新兴的“互联网 + 业务”拓展，公司发展欣欣向荣。

吉图珲高铁列车穿越林海雪原 / 刘慎库 摄

既是受益者　又当建设者

一次偶然的机会，作为高铁受益者的胡斌茂成了高铁的建设者，这样的身份转换让胡斌茂十分高兴。

“我是穷人家的孩子，以前一直想靠勤奋改变自己的命运，现在生活条件好了，我更多是想通过自己的努力为社会做点力所能及的事情。”胡斌茂说。2017 年底，他当选了大连市甘井区政协委员。2018 年，他的政协提案有 30% 的建议被区政府采纳了，刚好坐落于甘井区的大连北站就成了胡斌茂提案的受惠者。从那时起，大连北站实现了公共区域的 Wi-Fi 全覆盖，每次坐车，看到旅客能够畅享自己提案带来的便利，胡斌茂心中就觉得十分欣慰和自豪。

从那以后，胡斌茂更加关注高铁的发展了，希望自己也能在高铁发展中贡献自己的一份力量，以便更好地继承和发扬徽商“贾而好儒”的奉献精神，回馈社会。

这一关注，他对铁路更满意了，仿佛心有灵犀一样，他想到的妙招铁路也在快速持续推进。比如，他看到列车长补票很辛苦，就想提议推行移动支付，结果没过多久，他发现旅客都能手机支付了。又比如，他刚刚盼着铁路也能推行电子客票，铁路就传来了试行电子客票的好消息。再比如，他开始琢磨铁路怎样才能精准投放运力，节约运营成本，铁路就开始推行“一日一图”，灵活调整运力了……通过持续改进服务，铁路总是用行动带给胡斌茂惊喜和满意。

“我在铁路的发展中获益良多，所以衷心希望铁路建得更多、火车跑得更快，让更多的人享受到铁路发展带来的出行红利。”胡斌茂说，他也会更加努力，争取为高铁的发展做出自己更大的贡献。

新生代的双城记

在保定买车买房，每天早上却坐着高铁到北京上班，录完节目后再坐高铁回家，没有感到两地之间奔波的艰辛，反倒觉得生活质量很高，工作很惬意，幸福感爆棚。

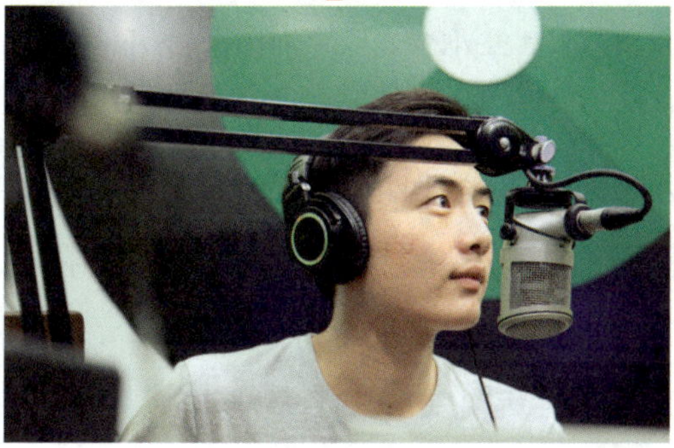

采访对象

李小猛，北京电视台《快乐生活一点通》节目外景主持人。

扫一扫，观看采访李小猛视频

“对，我就是李小猛”。可别以为李小猛正在跟谁打电话，实际上这是他的微信名，头像则是扑克牌里的一朵黑色梅花，也许他要的就是这种时刻处于现场连线、现场直播的效果。这个90后新生代够有特点吧！

小伙子给人的第一印象，就是爽快、阳光、帅气。那天下午，突降大雨，他没有爽约，从北京电视台节目录制现场冒雨来到我的办公室，十分准时。同是新闻人，彼此一见如故，聊得很开心。

跟同城一样

高铁，是为老百姓服务的。很多旅客都享受到高铁，尤其是京津冀经济圈中，伴随着高铁的公交化，很多人利用高铁带来的便捷，两地每天跑、每周跑，充分享受同城化的生活。这在以前简直无法想象。

家在保定的李小猛听说过同城化，之前他有个朋友的爸爸，在北京上班，在保定住，坐的是绿皮火车，最快好像也要一个半小时才能到，那时候觉得是不是有点太拼命了，早上6点多起来，6点50分赶上那趟车，然后到北京坐地铁去上班，好辛苦啊。

出生于1993年的李小猛，2011年考上成都理工大学，学播音主持。2015年大学毕业后，他就来到北京找工作，现在是北京电视台BTV7《快乐生活一点通》节目的主持人。他所在的节目组有四个主持人，就他一个男士，其他三位姐姐，差不多平均比他大十岁左右，这个节目大概十年了。每天傍晚播出，内容以吃为主，主要教大家怎么做东西，如今节目也在转型，偶尔会卖东西。

李小猛回忆，刚来北京时真的很辛苦。自己租房住，为了省钱，住地下室住了小半年，就在马连道那边，650元一个月。为了多挣钱，他在北京既剪节目又拍节目，周六周日还要到保定给学生上课，上完课周一再回北京，那个时候舍不得坐高铁，偶尔坐一次感觉特兴奋。

第二年，挣钱了，就觉得高铁也不贵了，一个往返比坐普通车多80块钱，但时间差很多，舒适度也不一样，那个时候一个月才跑四次，相差就300多块钱，相当于一顿饭钱，毕竟时间更值钱。

2017年开始，他发现好像从保定坐高铁来北京上班，跟自己在北京上班，路上花费的时间差不多，虽然住保定来北京上班，空间距离肯定更远，但仔细琢磨，有高铁很方便，高铁将时间缩短。

他说："比如，我们10点半开始拍节目，我只需要10点钟赶到北京的拍摄地点。我可以7点多起床，晨跑，听音乐，洗漱，8点半出门，买早餐，8 点 40 分骑着电动车出家门，差不多 9 点到保定东站，刚好赶上 9 点 13 的高铁 G604，上车看一会儿手机，或者读一下 kindle 里的书，一会儿就到北京了。然后，我坐地铁到外交学院大概 20 分钟左右，其实路上的时间很短。从保定东站到北京西站 41 分钟。”

也就是说，李小猛从保定的家出来，到这边上班的拍摄点，一个半小时足够。如果北京同事住望京或住回龙观、天通苑的话，到拍摄点上班也要一个半小时。

李小猛接着说：“还有一点就是体验度不一样，这是特别重要的。给你举个特别简单的例子，现在天特别热，你如果住望京，从望京出来，得走一大段路，之后挤地铁，尤其是上班早高峰根本挤不上去，早饭的时候也吃不太好，一路上又拥挤。可我是什么感觉？骑电动车不存在堵车问题，到站我把电动车往那一放，一天就两块钱。如果是下雨天我就开车，可能会有一二十分钟的拥堵时间，上高铁后我一般可以找到座位，或者去餐车休息一下，很快 40 多分钟就到了。之后我再坐地铁，那个时候已经不是上班高峰期了，不存在拥挤问题，这样就很方便。”

为什么选择住保定来北京上班这种双城记的生活呢？李小猛还另有原因。他十分坦诚地说北京的生活节奏太快了。他说，“之前在成都上学，天府之国很悠哉，节奏慢很多。来北京之后，无论是天气还是工作环境，刚开始都很不适应，好像在北京只有两个字‘工作’，只有工作，没有生活。对于我们做媒体的来说，没有办法贴近生活，就没有办法在节目上提升和发展。”如何贴近生活呢？相对来说城市小一些，可能会有时间生活。“我不想让自己把时间都花在工作和赶路上，想在一个生活便利的小城市里，周围有学校和操场、公园和超市，张驰有度地生活，下了班之后，可以有机会逛逛街，买买菜，买买水果，可以做做运动、健健身。在北京这些我就做不到。因为上进心比较强，全身心在工作上，生活环境也比较单一，没时间做更多各种各样的事情。”

说实话，李小猛虽然才二十五六岁，但他的预见性、计划性可以毫不夸张地说是远超同龄人的。

“肯定要在北京继续发展。”李小猛认为，在三线城市、四线城市生活可以，但是对于工作来说，如果没有一线城市的眼界、层次和眼光的话，去小城市你的发展只会受到局限，工作需要平台，需要眼界。平台高才能眼界宽，这是配套的。

他深知，凭自己的实力要在北京买房子是可望不可即的。但在北京租房住又觉得自己委屈。“所以我觉得现在高铁真的是太方便了，我跟别人说我都是乘高铁上下班，他说你真有钱，我说这不能用有钱来衡量，现在高铁公交化，尤其是辐射到京津冀，不光是保定，涿州、高碑店、廊坊、天津这些地方都受益，太便利了。”

李小猛认真仔细进行了成本核算。

高铁从保定到北京的单程票价是63.5元。一天来回大数是130元。忙时一周来四五天，大概600多块钱，四周差不多3000块钱。假如在北京租房子，3000块钱的房子只能与别人合租。而他又特别不适应和别人共用厕所，哪怕多花一点钱，稍微辛苦一点，也愿意跑。这样把高铁票钱和住宿的房租对应起来就觉得便宜多了。他有个同事一个月搬了两次家，一点安全感都没有。他说：“自己买了房子，可以直接进去住，想怎么收拾，就怎么折腾，而且住在自己家里，舒舒服服的，幸福感很爆棚。”

他先是在保定买了房子。他觉得保定是最合适的，比涿州好，也比高碑店好。保定这个位置相对来说好一些，它距离雄安新区很近，周边有三个机场：天津、石家庄，还有新修的固安机场。雄安新区出来的时候，他在那买了一套二手房，每平方米 14500 元，80 多平方米的，总价 100 多万，首付 40 多万。

在他的生活里，他要充分享受高铁带来的红利。有了高铁之后，城市和城市之间，距离真的没有了，他不仅坐着高铁跑北京跑保定，还经常坐高铁去石家庄购买自己心仪的生活用品。他说，有的时候来北京买，物价稍微高一点，在保定有时觉得买不到自己心仪的，但是去石家庄买绰绰有余。高铁 36 分钟很快，就相当于坐公交车，晚上最后一班高铁回家，买什么都够了，在高铁上，手机还没有玩儿够就到了，特别方便。

这些列车员真的很辛苦

在这几个城市之间，频繁往返坐高铁，时间长了，李小猛跟很多高铁乘务员、车长都熟了，“以前没有觉得他们有多辛苦，现在接触多了，发现他们很辛苦。”他很理解铁路人尤其这些天天在车上奔波劳累的列车员。

他用事实来论证观点。他早上坐 7 点 18 分的高铁上北京，晚上坐 8 点 58 分的高铁回保定，这两趟车是同一拨列车员。最晚的一趟车，应该是晚上 9 点 18 分从北京西发车，终到是定州东，但是列车员要回石家庄，晚上基本上到石家庄已是夜里 11 点。然后从车站回到他们住的地方最少要到夜里 12 点。早上 7 点 18 分列车到保定，往回推 20 分钟到定州，再往回推十几分钟从石家庄出发，列车员那么早起，还要洗漱，去车站，他们能睡的时间最多 5 个小时。他深情地说：“列车员真的特别辛苦，他们不是坐着，是全程站着为我们服务，检查标准也是非常严格的，全程不能出任何问题，要零误差做好每件事情。这些列车员一天来回要跑4趟。我们确实要多理解，各行各业都挺难的。”

李小猛享受着高铁红利，也很感恩高铁快速舒适背后铁路人的付出。因为理解，才会有更多的支持。看着有些旅客不文明不道德的行为，李小猛还为列车工作人员打抱不平。他讲述了这么一次见闻。

那是2017年，李小猛正在餐车等待补票，挨着他坐的是一位女士，车长坐对面。这女士说她的票错了，从涿州上来的，说她要补票，补涿州到北京西。她给车长看了她的票，那张票是从北京到涿州的，人家车长问她三遍，你确定要补票吗？确定没有票吗？确定没有票。李小猛在旁边听得清清楚楚，明明白白，补了。过会儿后这位女士说我这不是有票嘛，你还跟我补。你们怎么做这种事情的？你们怎么这么不负责任，你怎么不多问我一句有没有票，不然我怎么上车啊，你也不问这种问题。李小猛说：“我当时就特别无语。你知道吧，当时我说大姐，你也别难为别人了，我刚才听得清清楚楚，明明白白，人家车长问了你好几遍，你自己亲自跟人家说的，人家还专门问了你是不是有票。车长却平和地说，‘姐你放心，一会儿我帮你解决，如果真不行的话，我自己把这钱补上，算我的。’后来，我对车长说，放心，你留我一个电话，如果这个人找事的话，我可以为你作证。”

李小猛觉得，现在有些旅客在乘车的时候过于着急去责怪别人，要静下心来，不要总是站在自己的角度去考虑问题，车长要考虑的不仅仅是你一个人的问题，她要照顾全车人，没有一项工作她能疏忽的。表面上看车长挺光鲜亮丽的，挎个小包，来回走走，其实她事无巨细，车上的什么事情都要管，真的很辛苦！

随时走随时买票

“现在，买票很方便，什么时候走，什么时候买。”李小猛一边说，一边打开手机页面，“我已经把明天的票买出来了，是明天晚上9点多的，因为周五最不好买票，现在都已经没有了。”

他说，买票上12306，其实，周二到周四，从保定来北京，票都不紧张。周五紧张，还有周一的上午和周日的下午来北京紧张，因为有大波的周五周六回家的，或者是周一上午周日晚上返京的，这两个时间点只要把握好了，其他的都很轻松。

假如买不到北京的票也不用特别着急，不用担心，等到距离开车还有35分钟，你会发现有退票的。这趟车没有就下趟呗。高铁很方便，5分钟，10分钟，最多30分钟一趟，很轻松，大不了多等一会儿吧。

聊着聊着，李小猛忽然想起了有次着急看病的事。

2016年开春，那天他要去拍一个节目，身体突然剧痛难忍，他估计是输尿管结石犯了，怎么办呢？“那时候，在北京住得特别差，钱也比较少，也没有家人陪伴，我到就近的医院等了很久才看上，医生说打一支止疼针，要花400块钱，说要做掉这个结石要花3000块钱。我一听蒙了，怎么这么贵呀？我想起之前有个熟悉的在保定的医生曾跟我说过，可以有一种方法治疗，好像800块钱就可以，要不就回家看吧。”于是，他赶紧打了那个止疼针，忍着剧痛买了一张高铁票，从医院打车没用10分钟就到北京西站，上了高铁，一直到下车，总共差不多一个小时，那边花了20分钟就到保定市第一医院，结果还真的不用住院，不动手术，医生拿一个小锤子就打碎了，立马就没事了。

李小猛感叹，那个时候更觉得高铁真的很方便，还帮我省了等候时间，省了2000块钱。不仅把病看了，而且不用排队，看得很快。

复兴号动车组列车驶出北京南站 / 邢广利 摄

在北京的医院，人特别多，得排大长队，光打针就等了一个小时。如果想换一家医院，没准一小时还没有到医院呢。那时候正值早高峰，坐地铁还得忍着剧痛，就自己，没有人陪同，挤着换乘两三次，根本受不了，没准好不容易到了还挂不上号。高铁上最起码还有热水，可以坐着。到了那边好歹还有一个人接，看病的时候，有家人照顾。

看得出来，李小猛对高铁是情有独钟，他希望旅客们能够保持良好素质，文明出行乘车，遵守公共秩序。为了大家的出行安全，也为了大家能够快速地到达自己的目的地，见到自己的家人朋友，建议各位烟民朋友在车上可以忍一忍，不要吸烟。为了保持干净舒适的环境，建议大家不要随地乱扔东西，不要大声接打手机电话，不要影响他人休息。他提出，遵守秩序，从戴上耳机开始。

临别，李小猛寄语中国高铁："速度与安全同在！"

豫剧小皇后迷上高铁

从小就喜欢坐火车，上艺校放假回家也是坐火车，后来领着豫剧团走南闯北演节目，也都是坐高铁。高铁给她带来了高效率，一个晚上可以在石家庄、北京两地开两场演出。

采访对象

王红丽，河南小皇后豫剧团团长，国家一级演员，中国戏剧家协会理事，河南省文联副主席，河南省戏剧家协会副主席，河南省政协委员。

扫一扫，观看采访王红丽视频

感恩节那天下午，走进北京民族文化宫剧场，在后台见到了国家一级演员王红丽女士。她正在指挥剧组搭建舞台。这次他们河南小皇后豫剧团是应中国文联和中国剧协的邀请，来北京参加全国民营艺术院团优秀剧目展演的。

他们展演的剧目是《铡刀下的红梅》。王红丽说："这出戏，是我二度荣获中国戏剧梅花奖的剧目，也是我们团两次荣获中宣部五个一工程优秀作品奖、荣获文化部十大精品工程第二名的优秀保留剧目。

这次在北京演了三场，前两天是参加北京市文化局主办的大运河文化带精品剧目展演，也是演的《铡刀下的红梅》。

"高铁太方便了，我基本上只要

沿途有高铁的，现在都是选择坐高铁，不坐飞机，最远的到深圳、广州，甚至到贵阳这些地区，只要有高铁就坐高铁，不仅因为方便快捷，更重要的是它准时。所以说我觉得高铁的开通，真是我们的福音。”

小时候车上的盒饭真香

几天前，她就是坐早上 9 点 16 分的高铁来北京的，中间经停石家庄，两个半小时到目的地，“这在以前是想都不敢想的事。”

她记得小时候第一次来北京的时候，大概是 14 岁，当时她和妈妈坐的是绿皮车的卧铺，用了 13 个小时才到，2007 年以后开通动车，比原来的绿皮车快了很多，从郑州到北京 5 个小时就够了，以前来北京有时候还选择坐飞机，但它不准点，自从有了动车她就坐动车，高铁开通以后，出行首选就是高铁了。王红丽的脸上充满自豪：“郑州是全国交通枢纽之一，如今跟周边的城市，都通了高铁。”

王红丽的父母在郑州，她从小在开封跟着姥姥长大，说起来和铁路还有渊源。她的舅舅干了一辈子铁路直到退休，表弟表妹现在还在铁路上班。

在王红丽的成长历程中，铁路和戏曲一直相伴。王红丽三岁多学会唱戏，五六岁时，舅舅经常领着她坐火车，一路上她就给大家唱，从开封唱到郑州。那时火车很慢，站站停，路上大概得两三个小时，不像现在高铁最快只需 20 分钟。

12 岁她上洛阳戏曲学校，郑州—洛阳—郑州，寒暑假都是她自己一个人坐火车来回往返。她记得，当时路上五六个小时，最期盼在火车上吃顿盒饭，早上走就吃午饭，下午走就吃晚饭。“那时 80 年代，三毛钱、五毛钱一盒盒饭，味道怎么那么香啊。”

王红丽感叹，时代发展了，现在高铁上可以互联网订餐，但她在高铁上很少吃饭了，因为郑州到北京路途时间太短。来北京一般选择早上八九点的车，正好快中午到达，早上郑州喝糊辣汤，中午在北京吃烤鸭，办完事晚上回郑州不耽误吃烩面。

高铁出行给人一种享受

小皇后豫剧团是1993年由王红丽创建的。那时铁路也没有这么发达。去外地演出，演员都是坐那种大轿子车，运道具是专门的道具车，当时公路不发达，高速公路也没有，乘火车去外地包括到北京演出，都要提前好多天去订票，远一点的坐卧铺，近一点的就坐硬座，那时如着急赶点的演出就特别麻烦。王红丽说：“比如，到北京演出，基本坐晚上的卧铺车，13个小时，但是车票特别紧张。那时候没有互联网，买火车票很费劲，有时半夜就要去排队，可能买上加挂车的，有时还排不上。大家轮着排，有时候票还有限制，买不了那么多，只有请省文化厅开证明，争取购买团体票。”

他们团常年坚持下基层，年平均演出在400场左右，全国各地跑，省内省外都去演，根据不同的剧目，参加的人数不同，少的五六十人，多的100多人。去的最远的包括深圳、重庆、成都等地。因为人多，有时候也选择火车卧铺。现在去成都就方便多了，高铁只要五六个小时。原来去新疆，火车要坐三天三夜，坐得头都是晕的。如今新疆也有高铁了。

有一件事让王红丽印象特别深刻，至今难以忘记。

2016 年 10 月，郑州有个叫戏缘的戏曲手机 APP 和中原铁路旅行社等单位联合组织了一次戏曲火车旅行活动。10 多名豫剧名家和来自全国各地的数百名戏曲爱好者一起，坐着“戏缘号”旅游专列由郑州出发，前往新疆。这趟专列以“一路有戏”为主题，途经莫高窟、月牙泉、鸣沙山、天山天池、交河故城等古代丝绸之路的主要景点，行程 10 天，火车走一路，戏曲唱一路，风景赏一路。王红丽就是其中的豫剧名家之一。她说：“车厢里、草原上、大漠中，台上台下，一路上，听戏、看戏、唱戏、学戏，和戏迷们亲密互动，共度美好时光，挺有意义的。”她感慨：“我去过新疆很多次，每次感觉都不一样，尤其是这趟以戏曲与互联网、旅游融合创意的旅游专列，让我非常激动。同行的戏迷很热情，唱得很不错！我们都住在火车上，火车的设施和服务都挺好。”看得出来，她对这次戏曲文化之旅非常满意。

“现在郑州到香港的高铁也开通了，高铁更靠谱。时间上有保障，安全系数大，马上要去香港参加演出活动，我也是选择高铁。”王红丽想起 2017 年去英国，从郑州飞香港时，就因为航班晚点耽误事。其实郑州飞香港只要两个小时，结果那次他们几乎熬了一夜才到香港。“所以，更坚定了我的选择，有高铁的地方就不坐飞机。郑州到香港六个多小时，太方便了。”

高铁把路程缩短了，再加上高铁上设施特别完善，包括卫生条件、茶水供应，总体上比较舒适。出生于 20 世纪 60 年代后期的王红丽，体验过以前挤火车甚至扒窗户上车的状态。那时特别怕坐火车，首先是人多，没地方坐是常有的事，赶上放假和春运人就更多，有几次火车都开了，多亏同学把她拽上去，别说厕所挤满人，走道简直人挤人，座位底下都是人。那时卫生条件也不好，果壳废纸到处乱扔。现在就大不一样了，手机上可以订票，还可以随时改签，不仅不用担心没座位，而且还可以选择一等座甚至能平躺的商务座，有茶水，有美食，很温馨，很舒适。王红丽说：“以前出行是一种负担，我觉得高铁时代到来后，出行给我的是一种享受。”

郑州到武汉的高铁开通时，她还专门领着孩子乘坐了首发列车。

那时孩子没坐过高铁，听说孩子特别想坐，王红丽就利用周六周日这两天时间，带孩子坐上了郑武高铁的第一班。我当时记得到武汉也就两个小时左右。小孩当时不到十岁，开心得不得了。到了武汉后，当天晚上就领他们到汉正街去吃武汉的鸭脖子。领他们玩，孩子特别开心，正好还赶上郑武高铁首发，特别有意义。之后，从北京到郑州，我领着母亲、孩子坐高铁，好像也是我来北京演出，专门买了商务座，孩子特别兴奋，就没在座位上坐，来回跑，四处看，孩子还说将来长大后要开高铁。老母亲第一次坐，觉得非常方便。老母亲说在王红丽小时候，领他们到北京，得坐一夜的火车。

现在剧团里的年轻人很多，大家手机上都下载了 12306，买票方便，外出演戏，一说时间地点，大家就各自网购去了，不用团里领导操心。高铁还让王红丽演出赶场更便捷了，比如说石家庄有一个活，那她当天在北京还有演出，以前没高铁时，她肯定都不敢答应。现在有了高铁，她下午在这演出，晚上可以到石家庄演出，甚至一个晚上两地开场。

2017 年 12 月份在北京清华大学学习培训的时候，石家庄河南商会有一个演出，王红丽是下了课才买了一张高铁票直奔石家庄，顺利演出完毕后又坐高铁返回北京，第二天照常上课学习。

金杯银杯不如老百姓的口碑

王红丽的父亲是河南省著名的戏曲音乐家，也是省豫剧二团的老团长，她的妈妈是常香玉的徒弟。可以说是个典型的梨园世家。她自己毕业分配到省豫剧团后，经常跟着团里去演出。1993 年，她以极大的勇气，创办了全国首家省级民营剧团——河南小皇后豫剧团。

作为剧团团长，王红丽说，我们的建团宗旨是出人出戏走正路。小皇后剧团之所以坚持了二十五六年，最重要的是坚持以人民为创作中心，为人民而写，为人民而歌。从建团开始，他们就把根深深地扎在基层，扎在农村。用王红丽的话说，“广大的农村是我们的广阔天地，广大的基层观众是我们的知音，是我们的衣食父母。”所以，小皇后剧团一直坚持两手抓，一手抓精品戏，一手抓“吃饭戏”。“不抓精品戏你就短路子，不抓‘吃饭戏’你就饿肚子。”像《铡刀下的红梅》这部红色经典，就是精品戏，是主旋律戏，是爱国主义戏，是包涵社会主义核心价值观的教育戏。

王红丽说："老百姓是试金石，金杯银杯不如老百姓的口碑，金奖银奖不如老百姓的夸奖，其实，精品戏也好，吃饭戏也好，都是要求品质的，你没有品质老百姓怎么会喜欢呢，不喜欢，他怎么会买单啊。比如说我们的《五凤岭》《花喜鹊》，还有我们的《三更生死缘》《三部连台》《泪血姑苏》，从市场上看是'吃饭戏'，但是从艺术水准上来说它同样也是精品戏，包括我们开团大戏《风雨行宫》，这是我夺一度梅花奖的戏，这个戏现在演了25年3000多场，今天晚上的《铡刀下的红梅》是我二度夺梅花奖的戏，这个戏至今演了17年2000多场，它们都是我们的精品戏。"

主演三部戏曲电影都获大奖

2018年，对于小皇后豫剧团来说，是非同寻常的一年，因为是建团25周年，也是剧团创始人之一、王红丽父亲逝世十周年。为此，剧团组织系列活动，先是在7月和8月两次进京，演出《铡刀下的红梅》和《风雨行宫》，还有王红丽和其徒弟演的折子戏专场，召开了三个专家研讨会。在研讨会上，专家们总结了小皇后豫剧团坚持25年的办团方向和成功经验。更重要的是专家提出了豫剧新流派——王红丽艺术流派。以往，豫剧只有常陈崔马阎桑六个老前辈六大流派，这次在北京演出，北京有专家提出了王红丽艺术流派。

新时代呼唤新流派，王红丽12岁学艺，五年戏校学习毕业后在舞台上演出，从艺38年，舞台演出33年，塑造了自己的原创剧目15台。在她17岁时，她父亲就制定了集众家艺术流派于自身，将来形成自己艺术风格和艺术流派的目标。这么多年来，他们一直是按着这条路和这个目标来努力。王红丽说："我的原创剧目，15台大戏，风格迥异，都是从人物出发，形成自己的演唱风格和表演特色。"难怪北京的这些专家们说，王红丽艺术流派基本确立。现在，她有60多个徒弟，这三场演出是徒弟前半部、她自己后半部。王红丽说："我现在可以说是年富力强，是舞台上的黄金年龄，但是我们也要推新人，要把一部分舞台让给年轻人，要带他们。"目前，她的一些徒弟在河南省及周边地区也都小有名气。

王红丽的戏路很宽，思路也很宽。《铡刀下的红梅》这个戏从1993年建团到现在能坚持演，算是她们的代表作，也是他们的名剧了。现在有十几个剧种在移植，因为这些唱腔在戏迷中广泛流传。

看到戏曲电影在农村院线颇受老百姓欢迎，尤其是豫剧，影响力大，于是，王红丽着手拍摄戏曲电影，至今已经拍了《铡刀下的红梅》《大明皇后》《花喜鹊》三部。她都是女一号、领衔主演。这三部电影是三个不同人物，演刘胡兰是从 12 岁演到 15 岁，演马皇后是 30 多岁的中年开国贤后形象。2017 年拍的《花喜鹊》是一个现代戏，演一个 73 岁的李苦妮老太太。这三部电影都获得了大奖，《铡刀下的红梅》是获了中宣部五个一工程的优秀电影作品奖，《大明皇后》荣获第 29 届金鸡奖的最佳戏曲片提名奖，《花喜鹊》获得了国家广电总局电影精品奖。

他们响应国家号召，将文化和旅游结合，除在郑州有驻场演出，还在郑州的樱桃沟打造一个建业戏缘戏曲小镇。王红丽说："我们有一个小皇后豫园四合院，是私人定制以戏为主的，管吃，管喝，管唱，管听戏，还可以给老人过寿，给小孩办成人礼，把中国的这种传统融进去，让大家有仪式感。但是更多的是进到这个园里增加了一种戏曲的体验。接下来我们要排一部新戏，拍两部电影。"

像王红丽她们既是艺术家，又是企业家，不光是演出，剧团所有的事都得操心。不要国家一分钱，完全自己养活自己，真是不容易！

王红丽是个很懂得感恩的人，在这个感恩节里，她在交谈中一直感恩，感恩我们所处的幸福时代、伟大时代。同时，她期望中国老百姓都能"坐上中国高铁，奔向幸福生活"。

说走就走的旅行

从旅行社来看，1000 公里以下，都选择高铁。因为当今高铁速度上去了，购票也方便多了。高铁带火了旅游，随时可以让你圆梦“去看看”。

采访对象

姜时峰，大连海湃国际旅行社总经理。

扫一扫，观看采访姜时峰视频

“从我开始做旅游起，铁路一直给予很大的帮助。”

姜时峰是个 70 后，话虽不多，但言语中透着真诚。他的家在大连，早些时候到广州跟朋友一起做海鲜生意，2005 年回到大连，瞄上了当时比较发达的旅游业。组建旅行社后，他经常跟铁路打交道，有铁路的支持，业务越做越红火。

做旅游最大的问题就是交通

做旅游十多年了，最大的问题是什么？

姜时峰的体会是交通。姜时峰说：“关键就是出行的交通问题。客人定好的出行时间，你必须让他按时走出去。走不出去，可能影响客人的时间规划，这是不行的。同级的酒店有很多选择，住五星的富丽华不行，可以换住香格里拉。但交通不行，你不能选择哪天走。所以我们做旅行社的核心实际就是交通问题，何况过去的交通资源比较紧张。”

的确，交通问题解决不了，一个旅游团几十号人，说走走不了，说回回不来，如此问题会很严重，麻烦就大了。

那些年，一到七八月放暑假，想旅游的人特别多，尤其是亲子游多。比如哈尔滨的家长想领孩子来趟大连，到海边玩一玩，但买不上票。那时候网络也不发达，没有12306，也没有动车，没有实名制。火车票的预售期比较短，买票都得去火车站排大长队，还不一定能买上。

现在不一样了，不仅实名购票，而且购票方式也多，基本看不到排长队的现象，“黄牛”也基本没有了。像现在要去哈尔滨，想买火车卧铺就买卧铺，万一没有可以买高铁票；高铁票七点的卖完了，就买八点、九点或者十点的，随便买，不存在过去那种走不了的问题。

“高铁给人们出行带来了很大的便利。”姜时峰说：“如今大连始发的高铁，往哈尔滨、北京、上海、石家庄等地方都有，四通八达，车次很多，去沈阳更便利了。这对旅行社是件大好事。接待客人，不像过去，有时接一个团，得考虑客人能不能走，现在不用顾虑那么多了，随时接随时都能走。”

交通方式有多种，应该怎么选？姜时峰介绍，在旅游行业，1000公里以内的旅程，他们首选高铁，不通高铁的地方，他们就选择火车卧铺。1000公里以上的，大多选择飞机，理由是坐高铁时间不宜超过5小时，再者飞机票不是旺季时打折很便宜。他举了一个例子：大连到石家庄超过1000公里，高铁路上要六七个小时。而飞机从去机场、候机、安检，包括由机场再转到目的地城市的核心地带，四五个小时就够了，加上3月份属于淡季，大连到石家庄的单程机票含税才230块钱，跟大连到石家庄的动车二等座、普通车卧铺价格差不多。在这种价格持平的情况下，肯定是坐飞机，耗时短，更划算。同理，现在大连去哈尔滨，没人坐飞机，都坐高铁，不仅方便简单，而且快捷舒适。

旅游产品围着市场需求转

现在的大连旅游市场基本形成了规律。冬天，大部分人往南方走，比如海南、泰国和南方一些海岛；春秋的时候，一般往江南、云南、贵州、桂林的线路比较多一些；夏天，因为南方太热，家长都愿意带孩子上草原转一转，大连人比较喜欢去内蒙古草原。

高铁发展以后，对旅行社的业务拓展有没有产生什么影响？姜时峰说："从总量上看，没有太多的增和减。"一般都是客人选择要坐晚上的卧铺，他们就尽量满足客人的需求。如果客人觉得卧铺车太慢，要选择动车，他们就买动车。

交通方式要满足客户需求，旅游产品更要围着市场需求转。旅行社以前跟铁路经常合作组织旅游专列，现在高铁也会有。一般来说，专列产品都跨多个城市。比如想做港澳专列，可能带上桂林。专列可能走一个城市，停下来，玩一圈，然后上车，接着往下一个城市走。与那种常规的飞到一个地方去旅游的有很大差异。专列一圈下来，行程 10 多天，能玩四五个城市，基本住在车上，偶尔当地住一宿。

不同产品适应不同的旅行者。这类专列产品一般适合的年龄段都是在 55 周岁以上的，大一点还有 70 多岁。这个年龄段的人基本退休了，有时间，手里还有点钱，想走，身体条件也可以，很适合专列产品，像国外邮轮那样慢慢逛。年轻人走不了专列，谁能没事请半个月假，坐火车旅游 15 天，没时间，也没精力去走。年轻人大部分选择一个目的地自助半自助游，或者挑一个品质好的随团游。

这些年铁路发展很快，高铁覆盖面很广，很多产品需要重新规划设计，出行方案有很多变化。因为交通方式和价格不一样，整个产品的价位也要做调整，还要根据市场来策划开发新产品。姜时峰说：“对旅行社来讲，出行是选高铁动车还是选普铁卧铺，要根据市场的需求、游客的需求变化。比如，我们觉得坐卧铺去，在车上能睡一宿，相当于省去了宾馆住宿费；而坐动车去，当晚就到了，不仅会增加住宿费，而且高铁动车票肯定比卧铺票贵点，这些成本差异我们都要考虑进去。如果下午到了只能直接入住的，那就选择卧铺睡一觉，早上下车就去玩；如果早上有动车，到达后能多玩半天，那就考虑动车。”

高铁让自助游增多

高铁方便了人们的出行，也改变了旅游市场格局，催生出很多旅游产品。快旅慢游多了，自助游也多了。

姜时峰说：“高铁开了之后，对旅游帮助很大。自助游的提升量很大。”打个比方，哈尔滨的客人夏天想到大连来玩，过去只有通过旅行社这个渠道才能过来。因为以前过来的火车卧铺票都买不到，要让孩子坐一宿太遭罪了，家长舍不得，所以找个旅行社一报名其他什么都不用管了。但是，现在不一样了。网络很发达，上 12306 提前把车票先订好，大连宾馆也先订好，甚至想玩的景区门票在网上也可以先订好。像这种自助游的特别多。只要大交通不受限制，就会选择自助。姜时峰说:“旅行社是要规范时间、统一行动的。自助游很随便，愿意几点起就几点起，可以睡到自然醒，愿意去哪就去哪。所以很多客人会选择这种自由度大、灵活性强的旅游方式。如果说旅行社是快旅快游的话，那自助游就是快旅慢游了。”

原来没有高铁的时候，交通问题应该是自助游客人的一个最大障碍。交通问题解决了，自助游越来越多，旅行团的集中游越来越少。蛋糕就这么大，针对旅游市场的这种变化，旅行社今后的路该怎么走呢?

姜时峰认为，旅行社必须借助转型来适应变化需求，一是为自助游者提供旅游服务，包括帮助策划旅游方案、提供周密详尽的旅游攻略，甚至提供一些在当地可能触及不到的小景区的信息，还可以给游客提供导游服务和当地的小交通等。二是可以提供更深层次的更富内涵的文化服务。比如到一些有文化底蕴的城市，除了看景色，导游要给游客讲城市的文化，像西安可以讲古代史，承德避暑山庄可以说近代史，诸如此类的，将文化和旅游融合起来，从而真正提升旅行者的旅游品质、文化涵养。

“感谢高铁，也希望高铁票能够像飞机票一样，在某一时间段能有折扣，这样对于我们这个行业来讲，运营起来就更加便利了。”姜时峰说，“世界那么大，想去看看吗?我们随时助你圆梦，来一场说走就走的旅行。”

千里出行一日还

以前在西北工作，跨省出差至少三天，其中两天在路上。现在不一样，铁路从朝发夕至到朝发午至，提高了出行效率，甚至当天就可以打个来回，大家的理念都被高铁颠覆。

采访对象

赵嘉，甘肃省兰州人，西北某省驻京办公务员。

扫一扫，观看采访赵嘉视频

年少求学，毕业进京，返乡读研，回京定居……今年 40 岁的赵嘉，自少年起就与火车结下不解之缘，火车留给他的印象，像极了他走过的人生，丰富多彩而又五味杂陈。

西部有了高铁丝路

“慢，时间长。”22 年前，18 岁的赵嘉考入洛阳外国语学院，火车载着他从家乡兰州出发，在“哐当哐当”声中穿过关中平原，抵达 1000 多公里外的河南洛阳时，已是一天一夜之后。第一次出远门的赵嘉感叹：“就连去相邻的省份，火车也要跑上这么久，怪不得人们都说西北很大。”

现在有了高铁，从兰州到洛阳最快用不到 5 个小时，到北京最快 9 小时左右，整个出行时间缩短了一半。科技改变生活，以前叫朝发夕至，现在有了高铁，就是朝发午至。赵嘉表示，很羡慕现在的大学生，“哪怕周末或者端午、国庆这样的大小长假，他们坐上火车就能回家看看，我上学时除了寒暑假，基本没回过家。”

不仅仅是上学。赵嘉称，以前西北人只要去外地出差，行程计划往往是三天，两天在路上，一天办事。现在最快一天即可办完，早上去，中午到，下午办事，晚上即可到家，第二天还可以上班。由三天变成一天，都不用过夜了，这是高铁带来的颠覆性改变。即使是从北京到兰州这么远的距离，早上 6 点钟从兰州出发，下午能到北京，快的话当天下午就能把事办完，就算当天赶不回来，第二天肯定能返回兰州，一点也不耽误事。

曾经有人这样质疑："修高铁有人坐吗？"

"以前很多西北人对高铁的认识，是没必要、太浪费，现在转变为很有必要。"赵嘉称，以前很长一段时间，高铁未开通前，大家普遍存在一种看法，觉得西北没有必要修高铁。这里拥有中国四分之一的国土面积，人口总量却不到全国的十分之一，是典型的地广人稀。但 2017 年 7 月 9 日，宝兰高铁开通后，立即颠覆了大家的观念。20 世纪 70 年代，兰州至宝鸡列车需要运行 26 个小时，而今，宝兰高铁开通后，只需 2 个小时。

公开资料显示，宝兰高铁线路全长 401 公里，自陕西省宝鸡市引出后，经甘肃省的天水市、秦安县、通渭县、定西市至兰州市，全线设宝鸡南、天水南、秦安、通渭、定西北、兰州西等 8 个车站，运营时速 250 公里。

宝兰高铁是国家中长期铁

路网规划“八纵八横”高速铁路主通道中陆桥通道的重要组成部分，是横贯西北地区与中、东部地区的铁路客运主通道。宝兰高铁与已开通运营的徐兰高铁西宝段、兰新高铁连通，将中国西北地区全面融入全国高速铁路网。

宝兰高铁打通了中国高铁横贯东西的“最后一公里”，使甘、青、新三省区融入“四纵四横”全国路网布局，实现了与中东部地区的大贯通、大贯联。

“自从宝兰高铁开通以后，从兰州到‘北上广’就很方便了，”赵嘉调侃道，“如果从上海出发，早上吃一笼上海小笼包，中午吃一碗西安羊肉泡馍，晚上再吃一碗兰州牛肉面，一天之内可以品尝到三个省的美食，岂不快哉。”

2019 年 5 月 6 日，宝兰高铁天水东岔站也正式开通运营了，从天水南站前往东岔高铁站，动车组仅需运行 20 多分钟。

事实证明，宝兰高铁开通后，不仅激发了沿线城市的发展潜力，还架起了“高铁经济走廊”，铺平了西部发展的高铁丝路。

高铁改变生活

高铁从无到有，从弱到强，不仅刷新了中国铁路的面貌，更在无形之中改变着我们生活的点点滴滴。

“高铁改变生活”，已逐渐演变成一句中国高铁宣传语。

高铁给人们的生活带来了翻天覆地的变化，网络购票、刷脸进站、高铁外卖、站车 Wi-Fi、在线选座等层出不穷的服务措施让出行变得更加简单。

对于高铁带来的变化，赵嘉表示：现实的发展超乎想象，许多变化是意外收获。

“高铁首先给你提供了很多可能性。”赵嘉说，“以前觉得即使高铁开通了，从北京到兰州需要9个多小时，时间较长，而且没有动卧，舒适感比较差。后来发现意义不一样，它给你提供了很多可能性。从北京到兰州的高铁线路，分为好几段，可以选择从北京到西安再中转到兰州，北京到西安的高铁只需要5个小时左右。基本上是零换乘，从西安北站下车，买好车票，留出半小时的周转时间，不出站就能非常从容地换乘到兰州的高铁，这给回家的旅程提供了极大的便利。”

赵嘉还留意到，由于西北地广人稀，陇海铁路很难覆盖到偏远乡镇，宝兰高铁的出现，正好弥补了这个短板，它跟原来的陇海线，只是在方向上齐平，但路过的地方很多是不一样的。以前很多不通铁路的地方，现在也通了铁路。一些乡镇在通高铁前，坐汽车到市里需要三四个小时，而且成本较高，需要五六十块钱，高铁通了后，不仅时间缩短了，成本也降下来了，大概一分钟需要一块钱左右。以前坐汽车需要三四个小时的路程，现在坐高铁只需半小时就到了，省钱、省时、安全。

赵嘉看过一篇报道，说的是近些年来全国的方便面销量都下降了。一个原因是因为年轻人的数量下降了，后来有争议说，方便面下降不是年轻人少了，是因为高铁数量增加了，高铁改变了很多人吃方便面的习惯。赵嘉非常赞同这个观点：“方便面的销量，最明显的就是高铁上卖方便面的越来越少，为什么？因为速度快，不需要在车上吃饭了。”

“为什么一箱‘康师傅’方便面有六种口味呢？就是怕坐长途火车的人吃腻了。”赵嘉笑着说，“因为离家远，以前每次坐车，都要带一箱方便面，为此还遭到同学们的嘲笑。现在不用了，高铁速度快，可以赶回家吃饭。”

动车组列车飞驰在宝兰高铁上 / 兰铁轩 摄

作为世人瞩目的中国名片，高铁的横空出世，不仅将人们对于长途出行的恐惧感一扫而光，更是拉动了中国经济的快速发展，尤其推动了贫困地区的精准扶贫。

赵嘉表示，以前在淘宝上买东西，青海、甘肃、宁夏和新疆、西藏这些偏远地区一般都是不包邮的，因为路程远、运费贵。这几年高铁开通后，淘宝购物，一些偏远地区也开始包邮了。

一条高铁就是一条经济发展带

一条高铁线，缩短的不仅是时空距离，也为沿线区县发展注入新活力。

高铁“看得见”的好处，还在于带动当地的就业。赵嘉说，宝兰高铁开通后，兰州客运段招聘高铁乘务员，给当地创造了不少就业机会，“我有几个亲戚就在高铁上工作，如果多开几条铁路线，相信能带来更多的就业机会。”

随之而来的还有人们观念的改变。赵嘉举例说，他老家一些贫困县的同学，以前从县里到市区坐汽车都有点不舍得，现在坐高铁已是常态。“我以为很贵，他们说才二十来块钱，比以前坐汽车还便宜，关键是快捷、安全。”

作为一名在政府上班的工作人员，赵嘉从高铁的发展过程中也得到很多启发。他认为，基础建设绝对不能跟着社会发展的脚步走，而是要适度超前规划，给未来的经济社会发展留出足够的空间。“要想富，先修路，比如说有些城市的道路，如果规划时有更高的前瞻性，就不会修得这么窄。整个大西北方方面面都应该向高铁建设学习，如果各项基础设施都建设到位，并且适当超前发展，西北将不会再成为落后的代名词。”

公开数据显示，10 年前，中国的城市之间通过高速铁路相连的还寥寥无几。如今，中国已有 3 万多公里的高铁线路，超过世界其他地方高铁线路的总和。

中国计划在 2025 年建成 3.8 万公里的高铁线路。同样惊人的是伴随高铁线路的城市发展。数字背后，高铁为我国社会经济发展带来的“福利”源源不断，其在促投资、稳增长、调结构、惠民生中的作用日益受到关注。几乎有高铁站的地方，即便看似前不着村后不着店的地方，都能见到密密麻麻的新建办公楼和住宅区拔地而起。

有媒体称，调查结果显示，最繁忙线路上的旅客有一半以上是新增交通量，即以前不会乘坐高铁的旅客。这意味着高铁正在让中国生产率最高的城市周边的劳动力和消费者群体不断扩大，同时把投资和技术推向较为落后的地方。

中国目前“四纵四横”的高铁网络已经基本建成，即南北、东西各四条主干线路。中国计划在 2035 年前建成“八纵八横”的高铁网格，最终目标是拥有 4.5 万公里高铁线路。

“一条条高铁就是一条条经济发展带，改变着各地的经济发展状况，也改变着沿线人们的生活。”赵嘉感慨说，“高铁对于大西北乃至全中国来说，解决的可不是‘最后一公里’的问题，而是便捷出行的千古难题。”

搭上快车去创业

以前火车速度慢、车上挤，但最担心遇到列车晚点。每次从老家回北京都选夜里的车，第二天早上下车后立刻赶去上班，特别疲惫。如今，坐上高铁，快捷、准时、舒适，自己也变成了老板。

采访对象

李平，北京金彩五环印刷技术有限公司经理。

扫一扫，观看采访李平视频

李平人很朴实，也很真诚，一开始还有点拘谨，脸上甚至露出些许羞涩，问一句，答一句，但聊着聊着，话匣子也就打开了。

相同的距离，当年需要 8 个小时

李平现在是北京一家印刷公司的法人，1981 年出生，老家在河北邯郸，1998 年坐火车来北京闯荡，在丰台的一家印刷厂里边干活边学业务。今天看来，北京和邯郸距离并不算远，从北京乘坐高铁，最快的用不了 2 个小时就能到邯郸。但李平说，21 年前，相同的距离，却需要坐 8 个小时左右的火车。他真心感谢铁路，让他搭上快车，在北京安心创业。

那时候，从邯郸开往北京的火车多数停靠在未改造前的北京南站，也有部分火车停靠在北京西站。当年，李平来北京的时候，北京西站的客流量还不算大，西站南北广场上也不像今天这样南来北往的旅客川流不息。

在北京工作后，因为回家的火车速度慢、时间长，李平一年回邯郸老家也只有两三次。为了不耽误工作，每次从邯郸回北京的时候，李平总是选择夕发朝至的列车，坐一整夜“慢火车”，虽然疲惫，但一到北京还是要立刻赶去上班。

“那个时候‘慢火车’总要给旁边速度更快的火车让道，为了让快车通过，有时要等半小时，甚至是 1 小时。”每到这个时候，李平心里就有些着急，想快点回到家里。

那时候坐火车最担心的就是遇到列车晚点。“有一年夏天，我又是夜里坐火车回邯郸，准备参加同学的婚礼，正常情况下应该不到早上 8 点就能到达邯郸了，但遇到下雨，列车晚点，到邯郸已经 11 点多了。作为男方的亲友，别人都去新娘家里迎亲了，只有我因为列车晚点错过

了，说实话，挺遗憾的。”

回想起来，坐“慢火车”回家尽管旅途时间长，车上也比较拥挤，但正是这一趟趟的“慢火车”带着李平一次次回到温暖的家乡，也带他走进北京，做出一番事业。因此，李平对过去坐火车的经历格外珍视，至今仍然保留着当年用过的不少火车票。

2004 年，李平结了婚，开始在北京经营起自己的小家庭。妻子是石家庄人，两人经常要坐火车回石家庄，李平乘火车的线路又多了一条。

尽管石家庄已经离北京很近了，但李平回忆，在高铁没有开通之前，他和妻子坐火车回一趟岳母家也需要 3 个多小时。

有了高铁，公司业务拓展范围更广

弹指一挥间，10 年过去了。2008 年，踌躇满志的李平与几个朋友开始创业。最初，公司只有三四个人，做的也是李平的老本行，印刷广告页、制作广告展板等。

也就是在那一年的 8 月 1 日，我国第一条高速铁路——京津城际铁路开通运营，揭开了我国高速铁路快速发展的序幕。这些年来，李平的创业人生可以说是和中国高铁的发展一同成长。

因为一些业务往来，李平经常要去天津谈业务，半个小时的高铁极大地方便了新公司拓展业务。他说，有时坐高铁去天津，比在北京本地开车出行还要快。

“有一年五一假期，公司为北京延庆的一家公司安装户外广告，工人早上 5 点就开车出发了，下午 3 点我给他们打电话，觉得肯定已经办好了，没想到工人还堵在京港澳高速上，没办法，只能向客户解释。”

李平至今对这次因道路堵车导致业务延误的经历记忆犹新，他认为还是高铁靠谱。

高铁让京津冀一体化了，李平业务拓展范围也更广了，但逢年过节回邯郸、石家庄老家仍然是件困难事。那几年里，李平经常开车带着妻子和孩子往返于北京、石家庄和邯郸之间。“那个时候开车太累了，开3个多小时才能到石家庄，回邯郸的话更是要六七个小时，这段时间你必须精神高度集中，时刻注意安全。”

幸运的是，没过几年，京广高铁京郑段开通，纵贯北京、河北、河南三省市。石家庄、邯郸与北京之间的铁路运行时间大幅缩短。从那时起，李平一家能坐高铁就坐高铁回家。

“高铁改变了人们的生活理念，高密度、大运量的高铁运输加速了人员流动。过去，坐火车从邯郸到北京，一坐就是8个小时，特别累，现在从邯郸到北京也就两个多小时，石家庄的话就更方便了，1个小时左右就到了。可以说高铁改变了我的生活，出门的时候，有条件的话，我基本都选择乘高铁出行。”这些年来，李平亲眼见证了中国高铁给京津冀地区经济发展和百姓出行带来的巨大变化。

京津城际铁路建成后，京广高铁、京沪高铁、贵广高铁、沪昆高铁……一大批高铁列车如雨后春笋般在祖国各地快速奔驰，高铁的发展让千千万万旅客的出行更美好。

“我现在出远门能坐高铁的话都首选坐高铁。从北京去上海也不过5个多小时。不只是我，我身边很多朋友也经常坐高铁。我有一个朋友家在湖南衡阳，过去，他要坐十六七个小时火车才能从衡阳到北京。现在有了高铁，时间大大压缩了，只要不到8个小时就能从衡阳直达北京。也是因为有了高铁，放暑假的时候，他经常带着妻子和孩子去青岛和他弟弟团聚。”提到高铁这些年的发展，李平觉得，自己赶上了好时候。

复兴号动车组列车驶入天津市区 / 杨宝森 摄

中国高铁，升级的不只是速度

谈到坐火车，就不能不提到买火车票。李平回忆，自己刚来北京那几年里，排长队买火车票是常事。“当时我住在丰台，去丰台站排队买票。一到过年的时候，排队买票的人真多，人山人海的，至少要排 1 个多小时。”李平知道，自己算是幸运的，北京和邯郸之间的火车多，一些线路少的站点，有时排队买票就得耗费一整天的时间。

那个年代，火车票还没有推行实名制，社会上有一些人钻了老百姓着急买火车票的心理空子，趁虚而入，制作、售卖假火车票的情况时有发生。李平的朋友就曾经买到过假票。

大概是在 2000 年的冬天，他和朋友们一起去火车站乘车，准备回家过年。“那是我隔壁工厂的一位工友，要回四川老家，检票的时候才发现自己手里的是假票，当时就急哭了。”李平说，这件事在他脑海中印象很深，过年了，出门在外的人都想回家和亲人过个团圆年，真没想到会买到假火车票。不过现在这种情况基本不存在了。

这些年来，铁路的发展不仅仅是高铁多了、速度快了，购票方式的改变也给百姓带来了真真切切的实惠。

2011 年 1 月 19 日（2011 年春运首日），铁路客户服务中心开通试运行，铁路部门在全国 18 个铁路局所在地分别设立铁路客户服务中心，采取电话语音查询、人工在线服务和 12306 网站信息查询、客户信箱等方式，为客户提供铁路客运服务信息查询，受理旅客投诉、意见建议和咨询。

2012 年 1 月，全国铁路开始实行火车票实名制和网络售票。

从那时起，李平就开始从网上购买火车票。智能手机出现以后，在手机上买票更是成为很多人买火车票的首选。“手机上订票，到火车站去取一下，真是太方便了！而且多年以来，铁路的票价一直比较稳定，变化不大，和飞机相比的话，高铁还是有票价优势的。”李平说。

越来越多地方通高铁之后，旅客的旅途生活悄然改变。“我原来坐火车，七八个小时的时间基本上除了睡觉就是看书，现在回一趟邯郸才两个多小时，看看手机新闻，就到家了。”

有了高铁之后，不仅李平回邯郸老家方便了，家里的亲人也会坐高铁来北京看看。李平的父母在邯郸老家务农，家里有三个孩子。李平和大哥在北京工作，最小的弟弟在郑州做体育培训。母亲今年 60 多岁了，李平至今还记得，母亲第一次坐高铁从邯郸来北京，一路上都在感慨，高铁的速度真是太快了！

对于未来公司的发展，李平有着清晰的规划，他要拓宽公司的业务，向文化产业转型，更多涉足广告制作等文化领域。

谈到高铁的发展，李平说，身份证和铁路系统是相连的，如果纸质车票换成电子票，可以带身份证直接刷，外国人刷护照，增进人文交流与文明互鉴，让各国人民相逢相知、共享和谐安宁的生活，那样将会有更多外国友人来中国投资观光、学习交流，建议铁路票务系统全球化，让所有人都能刷得自如。

他也希望，未来高铁的价格能够更加亲民，让更多人能够像自己一样，享受高铁发展带来的红利。

闪耀世界的中国名片

生于北京，长在国外，又来到中国传媒大学任教，他不仅见证了中国高铁十余年的发展历程，而且靠自己的专业优势，走南闯北，积极主动投入到祖国的高铁建设中，努力把中国高铁故事传播到全世界。

采访对象

冯琰，中国传媒大学副教授，英国威斯敏斯特大学中国传媒中心副研究员。

扫一扫，观看采访冯琰视频

早就听说过，冯琰是个铁路迷，是个大学教授，还是个外籍华人。见面那天，正好俄罗斯世界杯足球赛场上传来瑞士队以 2 ∶ 1 胜塞尔维亚队的战报。虽然赛事结束了十多个小时，冯琰仍然非常激动，兴奋不已。他的神情、他的口才和他 1.9 米多的大块头一样，给人留下深刻的印象。

冯琰，1982 年生于北京，1988 年父母把他接到瑞士，在瑞士上的小学、初中、高中。2000 年，冯琰加入瑞士籍。他说："我第一次坐火车不是在中国，而是 20 世纪 90 年代初在瑞士。"从五年级开始，冯琰选择坐火车上学，然后不知不觉对火车就感兴趣了，1998 年成为火车迷。那一年，他读高中，父母选了一所位于瑞士中部地区的学校，离家比较远，父母给他买了两年一等座的年票，让他每天乘火车去上课。在瑞士乘车很方便，车票无固定车次，无检票口，但是实名卡。有了年票，一到周末，他干脆把复习搬到列车上进行，从苏黎世站开始，经由三四个中途站，到圣加伦，然后换另外一趟列车回到苏黎世，这样循环往返。他说："我印象特别深刻，当时笔带了好几根，书拿了一大堆，一等座上闹中取静，车上还有小推车卖吃的喝的。"

2000年，冯琰回到北京上大学，本科在对外经贸大学学国际金融，后来发现自己更喜欢主持、语言、广播方面的学习，2004年毕业之后，直接转到传媒大学读研究生，包括硕士博士，到2014年夏离开北京，前往英国伦敦，完成博士后工作后于2016年夏天回到北京。

冯琰说："中国高铁从无到有，从线到网，从追赶到领跑，成为世界第一。我作为华人，每次看到国家首脑乘坐高铁、点赞高铁，发自内心地高兴，不仅对自己祖国充满自豪感荣誉感，而且更加理解中国高铁的发展对世界意味着什么，它是一张亮丽的、闪耀世界的中国名片。"

第一次坐中国高铁就被征服

2008年8月，北京举办第29届夏季奥林匹克运动会。作为奥运的配套工程，京津城际铁路在奥运会开幕前一周的8月1日开通运营。

机缘巧合，冯琰正好赶上这件大喜事。开通那天下午，他第一次以旅客身份进入中国的火车站——北京南站，体验中国高铁。

"北京南站给我的第一印象，完全可以用'震撼'两个字形容。"冯琰说，"北京南站高大上，很国际化，也挺安静。这种安静不是一种冷场，而是一种闹中取静，底下运行着时速最快的列车，上面是一个优雅安静的环境。"他提前一个多小时到站，四处参观后不由得感叹："真不愧是中国第一高铁站!"

冯琰购买的是一等座车票，蓝色的、纸质的，挺新颖。他说："第一次乘坐京津城际，我就被每小时300多公里的速度征服了。那次经历彻底颠覆了我以前对中国铁路的一些看法。就像海外有一些广告说的，坐一次不够。"

曾经去天津第一选择是自驾，而这趟列车让原本开车 2 个小时的煎熬，变成了 30 分钟的享受，车厢如飞机商务舱一样干净整洁，冯琰兴奋不已。自那以后，只要在中国，他每个月至少乘坐一次中国高铁列车，而且对开通新线和首发车尤其感兴趣。

2011 年 6 月，京沪高铁开通运营，他和妻子一起乘坐首发车。舒服、安静、准点，在沿途，旅客可以随时接打电话、发短信、刷微博等，5 个小时的“陆地飞行”让人备感幸福。

有一次，他从北京坐 G5 次列车去上海，开车半个小时后，手机显示北京机场还在打雷、下雨，而他坐的高铁已经到天津了，四个多小时后准时抵达上海虹桥车站。他说：“高铁不仅方便快捷舒适，而且准点率高，如果坐飞机，当天按时到是不可能的。”

2011 年底，广深港高铁广州南站至深圳北站区间开始运营，他和妻子从澳门直奔珠海北站，乘坐和谐号列车经广州南站、长沙南站、武汉站、郑州东站……一路往北，享受高铁。

2012 年，他再度和妻子从无锡东站开始，深入最新建成的高铁站，感受当时的超前设计，体验中国高铁的发展成果。这一年，冯琰的高铁乘坐里程已突破一万公里。

冯琰对中国高铁的认知程度，让很多业内员工都感到自愧不如。他在介绍自己祖籍是陕西渭南的时候，专门加上一句话，“那里有两条高铁，一是路桥通道郑徐段，一是大西高铁，算是个小型枢纽。”

他对高铁车站设计特别感兴趣，讲起一些车站的特点，更是滔滔不绝。京沪高铁沿线有些车站很特别，比如，丹阳北站位于丹昆特大桥上，是一个高架车站。与其他的二台四车站不同，去一站台直接走出去就可以，但必须有扶梯。常州北站是中国第一个tube型车站，这个设计就像放到一个管里面。京沪高铁客流最小的车站是安徽省境内的定远车站，也有很具艺术感的小花园。

沪昆高铁上的曲靖北站站台设计与最早的高铁车站不同，出站旅客走的不是扶梯和楼梯，而是一个平坡通道，下车就出站。这个平坡道，让所有带着行李的旅客能够快速疏散，不需要在站台上聚集等候，能提高旅客的出站效率，同时也是安全的。

现在车站站台雨棚分有柱、无柱两种。冯琰个人更喜欢无柱雨棚。他说，一是敞亮，视野开阔，二是觉得时速300公里以上，站台无柱更安全。有柱雨棚设计比较单一，比较适合普速站。但也有例外，他发现韶山南站的雨棚柱设计和其他的有柱雨棚车站设计不同，凸出毛主席故乡的特殊之处。婺源车站也比较特别，分两个场，虽然都是有柱雨棚，但雨棚设计不同。早开通的京福场或者合福场雨棚颜色是浅灰色，新开通的九景衢场雨棚颜色全部是白色。

每一个车站都有它自己的历史和故事。每个车站的工作人员都是本站的专家。每一个车站，听到的故事都与众不同。冯琰说：“我喜欢了解这些车站的故事，这些故事是独一无二的，都让我更好地了解当地铁路车站的实际情况，从中更加了解咱们国家的铁路。而且我也会关注每一个车站的客运情况。”

从2008年夏天第一次接触中国铁路，到2014年夏冯琰离开北京，前往英国伦敦。6年间，中国高铁从无到有，从线到网，连通着中国的四面八方，成为各地期盼的拉动区域经济社会发展的新引擎。

2016年6月底，冯琰和妻子再次回到中国后，为自己定下一个目标：在中国乘坐列车旅行100万公里。2017年，冯琰乘坐中国铁路列车400多次，从哈尔滨到长沙、从嘉峪关到荣成，一路欣赏着中国的美，里程就达到12万公里。

可以说，他被京津城际铁路征服之后，就迷上中国高铁了，听说哪有新线通车，他肯定千方百计要到现场去看首次开通的车站，去体验首次运行的列车，不管是华北的，还是西南的，大部分新线开通都去过。

冯琰说：“我喜欢坐列车去旅行，宅在家里不如宅在列车上，因为外面的风景总是在变换的。在飞机上白天看到的就是蓝色和白色，晚上就是黑色，偶尔看到月亮，也就是说在天空上，窗外只能看到三色。而在地上是多彩的，能看到大城市，能看到农田，有喀斯特地貌，有荒地，有黑土地，有城乡结合的地方，什么都有。你坐一趟列车，能认识一个更加真实而全面的中国，这是我最喜欢的一件事情。”

高铁为城市带来了历史性巨变。以京津城际的武清站为例，它是世界上第一个服务运营时速350公里列车的中间站。10年前，车站旁一片荒地；10年后，车站已经被繁华的街道和熙攘的人群所包围。一个小小的中间站效果都已经如此，类似赣州这种位于“八纵八横”上的高铁双线枢纽的城市会发生的巨变，可想而知。

致力铁路英文一天一句公益活动

冯琰是一个讲究细节、注重标准化的人。

随着乘坐的列车越来越多，走过的车站越来越多，冯琰发现铁路站车给外国旅客的英文提示或者英文指示标很有限，有的虽然有中英文服务，但是英文翻译不是特别规范，尤其是一些指示牌甚至有翻译错的，比如：将当心烫伤翻译成小心烫屁股，进站口翻译成停止嘴巴甚至闭嘴。这样的中式英文令老外觉得很搞笑。为了帮助提升铁路客运人员英文水平，杜绝错误的翻译惹祸，冯琰觉得有必要予以规范，包括调整一些高铁车站站名方位词的翻译。

从 2013 年 1 月起，冯琰开始在电台节目里和当时挺火的微博上，发起铁路英文一天一句活动，很快就引起有关方面的重视。2013 年 3 月，冯琰就与济南西站合作，经过一段时间的共同努力，济南西站的英文环境得到根本性改变，现在不但在车站很难见到错误英文标识，而且所有提示标全部实行标准化双语。

冯琰说：“我在大学里教学术英文、英文文化。作为社会责任，铁路英文一天一句是一项长期公益活动，绝不是以发大财为目的，而是为了实实在在提高咱们中国铁路客运服务的英文水平。这也是源于初心的责任感吧。”

他每到一处，非常注意观察，对在铁路站车上发现的有问题的英文，都用相机或手机拍下来，翻译好，然后建议对方以正确的英文取而代之，这样发现一处，堵一处。

冯琰最初想出一个统一的资料库，左边中文，右边英文，在 2013 年 6 月底完成了 1000 句，但重复性的词语太多。比如，检票口和检票，

当时是单列的。但是其实这两个检票的动作是一致的，是检票进站，而不是检票口或者检票通道。

2014 年，他和妻子恰好在英国从事博士后工作。在这个特别重视公共场所标牌的铁路发源国，他们接触到了英国国家铁路标准、瑞士联邦铁路的标准体系，加强与伦敦交通博物馆、当地铁路人士的深度沟通和实地乘车旅行体验，学习到英国在运营和标识管理方面很多好的经验。2016 年回国后开始修编资料库。

2017 年出版的《铁路英文一天一句》的口袋书，就按站、车、转乘、重点旅客、高端旅客、紧急情况及综合等进行了分类，并预留了港台和国际联运，比较系统，比较规范。像禁止吸烟这类车上和车站都有同样要求的，就放在综合部分。

冯琰说他知道发音不是大家的强项，所以书中的每条英文都配有音频，这些音频都按广播电视播音员标准来进行录制。为了录制到最佳效果，冯琰用坏了一套录音设备。

2017 年，中国自行设计制造的中国标准动车组复兴号动车组正式上线运营，同时增加了很多新的服务内容，包括常旅客、订餐、互联网订票。冯琰说，“这本书主要是给咱们铁路职工用的，当然旅客包括外籍旅客也可以拿这本书作为坐中国高铁旅行的工具书，很实用。为了这本书能起到广泛推广铁路英语的作用，我要与时俱进，经常更新。”

冯琰发自内心喜欢铁路，热心支持铁路事业，真心希望铁路发展越来越好。他还经常从旅客角度，对提高铁路客运服务质量，向铁路有关方面献计献策，提出建设性合理化建议。

拍遍中国铁路车站

冯琰认为，要想把中国近几年的一些成绩讲好，可以从铁路开始。因为铁路是一个能讲出好故事的话题。

早在2009年，冯琰就萌生了拍摄纪录片、做一个铁路车站大全的想法，但当时他只是一个普通旅客，也没有参加到铁路英语等方面的工作，感觉自己一个人难以完成，拍摄工作就搁浅了。2016年从英国回来后，他作为外籍专家，在传媒大学的支持下，将拍摄和教学相结合，才真正开始从事铁路车站的直播和纪录片拍摄，目的就是把铁路故事传播到国外。国外大部分放在youtube，也会有短视频放在twitter或者微信公众号。国内基本上是微信，还有微博，也放一些片子。

2017年春运第一天，冯琰就跑了北京南站、济南西站、济南站、于家堡站4个车站。他说:“记得有一天跑了7个站。播了5次，早上7点钟出发，23点才回来。”

那是最繁忙的一次，从北京南站到上海虹桥站，在虹桥站直播将近一个小时；从虹桥站到嘉定南站，在嘉定南站直播若干分钟；从嘉定南站经虹桥站换车至苏州北站，自己坐着车，边走边播；从苏州北站坐地铁至苏州站，从苏州站经沪宁城际高速线至无锡站，经地铁1号线、2号线至无锡东站，在无锡东站直播；再从无锡东站经由南京南站转车回北京南站。

每一次高铁开通，冯琰都会做一些国际互联网上的直播。宝兰高铁挺新颖的，开通不到一周，他就去体验，还做facebook网络直播。当时，他拿着话筒的时候，是往远处看，不是往镜头看。因为他知道列车马上会通过一个很特别的车站——东岔站。东岔站技术上说是2台4，也就是两个站台、四条线。东岔站当时只是一个越行站，站台在桥上，实际的站房离得很远，旅客需要走过一条长通道才能到达站房。这是比较少见的。“如果开办客运业务的话，我一定去。因为我没有见过经历这么长的走廊才能从车站到站台上。”

2017年复兴号动车组在京沪高铁按时速350公里上线运营之后，冯琰一天先后到海宁西站、宁波站、余姚北站、绍兴北站、绍兴东站、桐乡站、金山北站七个车站进行拍摄。

他说：“我们当时拍的是以旅客能到达的地方为主。从旅客角度来看，我觉得车站有太多的故事值得给大家讲讲，而且每个故事都体现着该站的独特之处。”

就像成都局铜仁南站，很特别是因为它的站名。站房上有一个，后边一座山上也有铜仁南站这4个汉字，这个比较醒目。

去拍摄纪录片，有时候就一个人，有时候就两个人。纪录片至少要拍站外、候车、售票和站台四个环境，同时冯琰还特别注意抓拍那些外国旅客服务中心、重点旅客服务中心、中国好人典型和站车上的旗舰设施等等。

“2018年2月，到山海关站下车拍摄的时候还下着雪，我拿着话筒，像一个天气播报员似的。上车的时候已经晴天了。”冯琰说，“拍摄龙岩车站的时候，遇上雷电交加倾盆大雨。那一次去的车站挺多的，从南昌西站、赣州站、瑞金站、龙岩站、南昌站、九江站，到景德镇站、景德镇北站、婺源站，大概一个礼拜时间，拍了九个站点。

冯琰说，位于西成高铁上的青川站，是一个全国罕见的只有到发站、没有正线的铁路车站，正线位于旁边的隧道中，只有实际到了青川站才能看到该站。而位于惠莞城际线上的西湖东站，则是少有的像园中小亭子一样的车站，十分美观。

到2019年底，冯琰为了直播和拍摄纪录片，已经到过400多个车站、17 个铁路局，看到了各个车站的特点。最西北边到了嘉峪关南站，最东北边是哈尔滨北站，最东南边是厦门站，最西南端是玉溪站；去过香港西九龙站，但是，三亚的南山北站还没去，他说一定要去，因为南山北站的站台雨棚设计像一朵花似的，独一无二。他计划用四五年时间，走遍全国铁路所有车站，不管大站小站，并且全部完成拍摄。每个车站制作一集，每集三五分钟，还要有一个花絮部分吸引人看；并制作年集，每个年集大概 1 小时左右，总共至少得制成几十集。

冯琰说：“现在站房整体设计跟地方特色结合很紧密，在拍纪录片的过程中，我学到了很多中国铁路的知识，也更加了解了各地的发展状况和风土人情。”他计划拍完中国铁路车站后，还要去拍摄欧亚地区的铁路、地铁和轻轨车站。

中国高铁是中国改革开放 40 多年来为百姓带来的最大福利之一，彻底改变了中国人的生活方式，成为人们交通出行的首选。冯琰十分感慨地说：“从外国人的眼中，我看到了他们对中国高铁羡慕的眼神。我和大家一样，是高铁的受益人，发自内心地为中国高铁点赞，为中国高铁欢呼，同时我要继续努力发挥专业优势，把中国高铁故事传播到国外，传播到全世界。”

后记

怀揣梦想再出发

POSTSCRIPT

交完最后一篇书稿的那一刻，我顿时感到全身心的轻松。

这是中共中央宣传部对我作为全国宣传思想文化战线“四个一批”人才给予支持的一个项目。这本书讲述了 30 多个平凡中国人关于高铁的普通故事，试图以大众化、社会化、生活化的表达，以及短视频的融合，立体呈现中国老百姓在新时代追风逐梦中“亲情的放飞”“路上的幸福”“身边的温暖”“幕后的风采”“奋斗的姿态”，让高铁之魅、爱国之情、强国之志，跃然纸上，献给亲爱的读者。

回顾策划、采访、写作、编校、审核的过程，真是甘苦自知。因为负责报纸采编出版工作，几乎天天围着版面转。为确保项目如期完成，这两年利用双休日和出差等机会，挤时间，加大推进力度，于是，坐上高铁，东奔西跑，南来北往。高铁工地、运输现场、科研一线留下了采访足迹，宾馆大堂、酒店茶楼、商场咖啡厅也不乏访谈身影。

记得，那是盛夏的一个周末，下了高铁就直奔郑州东高铁车间，采访负责高铁接触网供电工作的陶钧，不远处的高架桥上列车不时闪过。那次到新疆出差，住在乌鲁木齐，便利用晚上时间，在宾馆里采访高铁列车长陈袁玉晶。那年秋天去柳州公干，正巧碰上从南宁到柳州讲课的黄健，就在他住的宾馆里午间相见。那个寒风刺骨的季节，专程赶去阜阳探访刚走出大学校门的张亚希传承父亲的秘密……

确定这些采访对象可不容易，既要具代表性，又要有广泛性。在遴选时，既考虑人物的职业身份，旅客中有大律师、在校博士生、艺术家，也有国企高管、机关干部、民企老总，铁路职工也尽可能顾及与高铁运营管理相关的多种岗位；又考虑高铁的地域分布，京津城际高铁、京沪高铁、京广高铁、哈大高铁、兰新高铁、广深港高铁、郑西高铁、沪昆高铁等东西南北中，遍及全中国；还考虑年龄，20 多岁、30 多岁、40 多岁、50 多岁直到 60 多岁的都有，甚至兼顾男女性别，差不多七三比。除此，还要看人家愿不愿接受采访，愿意接受的还要看有没有故事，有故事的还要比选谁的故事更有意思等等。

这本书能够如期出版，要感谢中宣部提供的经费资助，要感谢中宣部干部局及其专家处的精心指导，要感谢中国国家铁路集团有限公司宣传部、人事部和《人民铁道》报业有限公司以及中国铁道出版社有限公司给予的诸多支持，要感谢各方朋友和朋友的朋友们大海捞针般帮助提供线索资料、筛选采访对象，还要感谢在采写编校出版过程中各位领导、各位编辑的辛勤劳动，以及家人的努力付出。特别要感谢各位接受采访的朋友，不仅用你们的故事成就了这本书，更重要的是以你们的美好情怀、优秀品质升华了我的境界。在此，一并向大家致以崇高的敬意！

如今，这本书终于出版了，由于水平有限，书中多有不足，恳请大家海涵。

时光荏苒，岁月如梭。转眼间，我从事新闻工作已经30余年。回顾自己的新闻生涯，25年在《人民铁道》报社。这是一家迎着新中国曙光诞生的报纸，毛泽东同志亲自题写报名，朱德同志、董必武同志为创刊题词，至今有着70年的光荣传统。20世纪50年代，就有记者冒着枪林弹雨，奔赴抗美援朝战场；30年前，已有记者徒步襄渝铁路；1991年又有记者横穿中国，采访亚欧大陆桥。沃土的滋养，前辈的壮举，一直激励着我时刻准备奔赴一线。从籍籍无名的小兵，到50多岁的老记；从宁夏西海固的新闻扶贫，到青藏铁路首任驻站记者；从无数个风雨兼程、熬夜守更的日子，到获得中国新闻奖、长江韬奋奖，一路走来，以梦为马，我都满怀激情，初心不改，坚持到基层去，坚持到一线去，锤炼“四力”，践行使命，传播正能量。

“生命禁区”里的极限挑战

青藏高原被称为世界屋脊和“地球第三极”，神秘，神奇，令人神往。但那里也被视作“生命禁区”，高寒，缺氧，强紫外线，一天四季。当地民谣说：“到了昆仑山，气息已奄奄；过了五道梁，难见爹和娘；上了风火山，进入鬼门关。”艰苦的环境、恶劣的条件，又让许多人望而却步。

而青藏铁路就要跨越昆仑山、风火山和唐古拉山，全线90%在海拔4000米以上，最高海拔达到5072米，真可谓在“鬼门关”里修铁路。

2001年6月底，格拉段开工。报社决定在格尔木设立临时记者站，我第一个报了名，并成为首任驻站记者。

当年8月22日，也就是到达格尔木的第一天，高原就给我来了一个下马威。从拖着行李箱出站开始，腿就像挂了铅砣一样，走起来费劲，吃饭也没胃口，头痛恶心，像戴了个紧箍咒，晚上睡觉老被憋醒，可这里的海拔才2800米。老青藏告诉我，初到高原，反应最厉害的是第三天，到了这天，果然高原反应更剧烈，但我还是坚持前往海拔4600多米的昆仑山和近5000米的风火山工地采访。

之后的三个多月里，我在青藏高原穿梭，每次出门上工地，少则跑一二百公里，多则要跑七八百公里，为减轻各种高原反应，一顿饭可以不吃，但抗缺氧的药一粒都不敢少，还经常是边吸氧，边写稿。

在建桥工地，发现一对小夫妻，他们来自安徽，是全线唯一的两口子。家里有个女儿，不到1岁，还没断奶。单位发出上青藏的号召后，他们就把宝贝交给老人，两人毅然踏上高原。他们说，等女儿长大了，一定告诉她，“你也为修青藏铁路做出了贡献。”

他们边说，边擦眼睛。听着他们的故事，我也想起了自己的儿子，情不自禁掉下了眼泪。那年，我的孩子才3岁，刚去幼儿园，还不适应，每天送到园门口，娘俩都眼泪汪汪的。更不巧的是，后来我爱人又摔骨折了，没法照顾孩子。而我又不能跟领导请假，只好请家里的老人来帮忙，以解燃眉之急。

在昆仑山、风火山隧道里，看到建设者背着氧气瓶干活的情景，我的心中充满敬佩。高原上本来就氧气稀薄，海拔四五千米的隧道里更加缺氧，那就不是一般的胸闷气短、四肢乏力，如果不能提供足够的氧气，别说干活，就是他们自己的身体也受不了。为了保证铁路的建设顺利，他们只能这样背着几公斤重的氧气瓶，吸着氧，干着活，干着活，吸着氧，可那里是空着手走路都相当于在内地扛着 20 公斤东西的雪域高原！那真是挑战极限！

驻站期间，我也几次经历危险。为采访雪水河工地夜战情况，晚上赶往一线，路上差点翻车。为搞清冻土施工情况，在可可西里无人区的清水河工地，坚持要靠近一点，结果跳进坑里，差点被钢筋扎进眼睛，幸亏有厚厚的眼镜片挡住。

2011 年，青藏铁路通车 5 周年前夕，我又带队重走青藏线，横穿无人区，翻过唐古拉山，一直采访到雅鲁藏布江大峡谷。大家“缺氧不缺精神”，12 天开车走了 3200 多公里。

10 多年来，我一直追踪报道这条世界上海拔最高的铁路，先后 14 次登上雪域高原，9 次跨越唐古拉，4 次采访全线，圆满完成 5 位党和国家领导人考察工地的重大报道任务。采写的消息《海拔 4161 米：总理跟我们合影》，获中国新闻奖一等奖。

曾经有朋友问我：“你干吗总去青藏？”我说这不单是领导的安排，还有记者自身责任的驱动，也有建设者那种崇高精神的吸引。“扯片白云擦把汗，摘颗繁星点盏灯”“无花无草无怨悔，有苦有累有豪情”……看那一副副对联就足以叫人流连忘返。

深入青藏铁路工地，虽然饱受艰辛，但青藏是我的成长摇篮，更是我的精神家园。我终生难忘。

这里是地震重灾区

做新闻是要有激情的，有激情才会有勇气、有胆量，有胆量才能不顾安危，深入，再深入，近点，再近点，才能获得更多第一手材料，无限逼近事实的真相。

2001 年 11 月 14 日 17 点 26 分，在昆仑山一带发生了 8.1 级特大地震。

当时，我正在格尔木市区的青藏铁路建设总指挥部二楼办公室写稿，突然感到，椅子摆动，窗户玻璃闪动，铁柜上的皮箱滑动，“今天的风怎么这么大?”就在我纳闷的时候，楼道里传来了急切的喊声:“地震啦，快跑!”随着人群跑出大楼后，我发现院子里的几棵大树还在不停地摇晃。

大家站在院子里，都急着打电话，可就是打不出去，格尔木像是从地球上“蒸发”了一样，与外界失去了所有联系。“震中在什么地方?”“对青藏铁路有没有影响?”“工地上有没有人员伤亡?”职责告诉我，必须把这一突发事件尽快报道出去。当天晚上，我一直守在总指挥部办公室，但由于通信中断，很多工点联系不上，直到凌晨也只能了解到部分单位的大概信息。

本想当天夜里就把稿件发回北京，但总觉得不完整，“必须到现场去收集第一手情况。”我决定第二天上沿线查看。

同事们都劝我，“别上山了，太危险。”“去，一定要去。”看到我这么坚持，总指挥部的领导终于同意了，并提出陪我上去。

地震是无情的，大家都担心还会有大的余震。听说把瓶子倒立起来可以起到报警作用，凌晨回到宿舍后，我把衣领净的瓶子、防晒霜的瓶子，甚至装药的瓶子，统统倒立在窗台上。外衣没敢脱，房门也不敢锁，一旦听到瓶子倒下，就可以快速冲下楼。虽然害怕，可在我心里有比“怕”更强烈的责任感。

第二天一大早，迎着刺骨寒风出发了。一路上，看到有的民房坍塌，有的设备受损，但不见一个人影，也没有其他车辆。过了昆仑山隧道工地，我们来到青藏公路2894公里处，横穿公路的三条大裂缝出现在眼前，其中两条有30多厘米宽，往下看，深不见底，两端向群山延伸，望不到头，好像刀剑将昆仑山劈了一样。

11点40分，在距离大裂缝只有1000多米的一项目部里，总算找到三个人，穿着军大衣，戴着厚棉帽子，裹得严严实实。见到我们，他们大吃一惊：“人家都往下跑，你们怎么还上来了？”这里是重灾区，不仅驻地围墙倒了、水泥库倒了、汽车库倒了，而且职工住房也倒了好几栋，暖气管都震坏了。他们指着地上的裂缝说，当时跟打雷一样，声音可大了，人都被震得站不住，只能趴在地上。当晚，他们就利用一切运输工具把人撤到160公里以外的格尔木市区，甚至连推土机的车斗里也站满了人。他们说，就在我们到达前半个小时还明显感到余震。

不远处，两米多高的“昆仑山口”石碑，被震断三分之二，碑上只剩下“山口”了。再往前，有的地段鼓起来，有的地段出现裂缝；裂缝一会儿在公路左侧，一会儿又跑到公路右侧。

这天走完工地，对灾情就心中有数了，但我们将近半夜才回到格尔木，我不顾劳累，连夜赶写稿子，精选照片，发回报社。

地震发生后，我是最先赶到现场采访的记者，也是最先发出现场报道的记者。一些新闻单位纷纷打电话，向我了解工地受灾情况。17 日、18 日两天，为配合央视记者，我再次前往地震灾区采访。通过我们的报道，全国人民及时了解了地震对青藏铁路工地的影响和铁路建设者奋力恢复震后生产的真实情况。

权威部门数据显示，在这次地震后的十多天里，昆仑山一带大小余震达到 1000 多次，好在一直没有造成人员伤亡。

好记者“永远在路上”

对于铁路记者来说，哪里有铁路，哪里就有我们的身影；铁路通到哪里，我们就要走到哪里。好记者“永远在路上”。

乘着新闻界开展“走转改”活动的东风，从 2011 年底开始，我带队采访我国铁路东南西北四极，去报道那些在极端环境中坚守岗位的普通职工，去感受他们的工作常态。

我们每个季度走一个极点：最冷的三九天，到零下 40 多摄氏度的漠河，亲历我国铁路最北端的现场作业；最热的三伏天，到海南三亚，体验最南端粤海铁路渡轮 50 多摄氏度高温下的机舱工作；风沙最大时，到距离最远的西极喀什，感受一线职工坚守大漠戈壁的品格；春水泱泱时，到东极抚远，探访铁路人迎接第一缕朝阳的梦想。

历时一年多，行程 5 万里，我们推出了汇聚记者编辑心血的百余件图文作品。这些沾泥土、接地气、有温度的作品，把一线最美的风景、最感人的故事呈现给了广大读者。

至今脑海里还记得，在大兴安岭深处，有间五六平方米的小屋，里面除了简陋的土炕，只有一张破旧桌子，我国铁路最北“看山工”计文革就住在这个与世隔绝的地方，不通水，不通电，连吃喝用的水都是从山下的河里凿来冰块煮开的。我们问老计：“一个人常年在这里，非常寂寞吧？”他却说他喜欢这片森林，让人心里很安静。在零下 40 多摄氏度的山坡上，记者的相机冻得罢工了，水笔冻得写不出字来，口罩上眉毛上都凝着白霜。老计却满怀深情地朗诵自己写的诗：“踏着黎明的曙光，回归暮日的夕阳，风霜雪雨你却执着起航。是神圣的使命，驱使你走向无尽的远方……”

我们的报道刊发后，受到各方高度关注，老计的故事不仅吸引多家中央主流媒体记者前去采访，还被选入北京市 2012 年语文高考作文题。

正是因为有千千万万个老计的执着奉献和顽强坚守，我国铁路发展才日新月异，高铁从无到有，从跟跑到领跑。如今，复兴号奔驰在祖国广袤的大地上，成为光耀世界的中国名片。

30 年弹指一挥间，回顾自己走过的路，深切体会到，新闻的源泉在基层，新闻的富矿在一线，新闻的活力在现场。“记者只要走出去，沉下去，扎进去，哪怕是‘生命禁区’，照样能结出丰硕成果。”

新时代是奋斗者的时代。作为一名老记者，在新时代新征程上需展示新作为，不仅要有一种本领恐慌，不断用新知识新技能给自己补养充电，而且要以一种加倍奋斗的姿态，不忘初心，情怀依旧，用脚奋力行走，用眼悉心观察，用脑深入思考，用笔真情表达，只有这样，我们记者才能不负肩上的责任，不负伟大的时代。

作者于北京

2019 年 12 月